빛나는 유리반지 하나

빛나는 유리반지 하나

류경희 수필집

수필과비평사

| 서문 |

힘들게 써서 쉽게 읽혀지는 글

　수필은 형식적인 구애를 받지 않는다. 그러나 누구나 쓸 수 있다고 해서 아무렇게나 마음 가는 대로 써서는 안 되는 글이 수필이라고 배웠다.
　수필을 자기 고백적 글쓰기라고 한다. 그러나 문학이라는 무거운 이름을 달고 있기에 읽는 이와의 소통을 의식하지 않을 수 없다. 즉 글쓰기가 자기표현을 넘어 타인과의 커뮤니케이션을 지향한다는 점을 간과해서는 안 된다.
　모든 예술이 그렇듯 수필 또한 독자와의 공감대를 형성함으로

써 문학으로 승화한다. 작가의 체험에 의한 지식이 자기 체험과 같이 느껴지며, 작가가 의도가 여운으로 독자의 가슴에 남을 수 있는 글이 참다운 수필이다.

평범하지 않은 깊이 있는 사고를 우려낸 지극히 평범한 글. 힘들게 써서 쉽게 읽히도록 한, 평범함 속에 비범함이 녹아있는 글이 곧 수필이 아닐까.

문단의 말석에 이름을 올리고 몇 권의 수필집을 내놓았지만 시간이 갈수록 글쓰기가 어렵다는 것을 느낀다. 글감을 다듬을 때마다 생각하는 한 장인의 이야기를 소개하며 글을 맺겠다.

중국 노나라에 재경이란 목수가 있었다. 하루는 그가 거문고를 만들었는데 그 빼어난 솜씨에 반한 왕이 그를 궁으로 불러 비법을 물었다고 한다.

재경이 왕에게 고하기를,

"저는 그저 평범한 목수에 지나지 않습니다. 특별한 기술이 있을 리 없습니다. 굳이 과정을 말씀드리자면 악기를 만들기 전, 제 몸과 마음을 깨끗이 합니다. 그리고 나서 악기에 대한 생각을 한참 합니다. 그렇게 사나흘쯤 악기만을 생각하면 악기를 만들어 이익을 취한다거나 상을 타보고자 하는 마음이 사라집니다.

다시 닷새를 지내면 사람들에게 칭찬을 받고자 하는 생각이 없어집니다. 그로부터 이레 후엔 마음을 흔드는 것들이 모두 사라집니다. 이렇게 마음이 고요해지고 악기 만드는 일만 머리에 있게 되면 비로소 산에 올라 악기에 쓸 나무를 구합니다.

이 악기도 이렇게 만들어진 것입니다."

2017년 늦가을에

류경희

| 차례 |

서문__ 4

1부

어머니와 시에미__ 13
불알 한 말__ 17
빛나는 유리반지 하나__ 21
유모차를 탄 애완견__ 26
천생연분__ 30
질투의 나날__ 35
세상에서 제일 어려운 '질'__ 40
80세 미만 어린이는 나가 놀아라__ 45
100년을 앞서 살았던 여인 나혜석__ 51

2부

가족끼리 창을 겨누다_ 59
오죽하면 마담이_ 64
김정남의 죽음_ 69
문학상보다는 평화상이 어울릴 밥 딜런_ 75
보나르 아저씨_ 80
아직 곁에 계신 큰 오빠_ 85
화장품 뷰티세계박람회장의 예쁜 남자_ 90
생리대 퍼포먼스 충격_ 95
아줌마가 사람 잡네_ 100

3부

선풍기아줌마의 눈물 _ 109
섬집아기의 슬픔 _ 114
실패한 여왕들 _ 119
아직은 건망증 _ 124
야동이 뭐길래 _ 127
어른이 없다 _ 131
어느 어머니의 삼천배 _ 136
정치인 같은 연예인, 연예인 같은 정치인 _ 140
준비된 죽음을 맞은 레너드 코헨 _ 144

4부

퀴어도 문화가 되는 사회__ *151*
그에겐 너무 높은 조강지처의 벽__ *156*
양놈 궁둥이를 꼭 닮은 그녀__ *161*
청주의 별미, 삼겹살만이 아니었네__ *165*
나의 문학, 나의 일__ *172*
류샤오보와 류샤의 사랑__ *177*
조선의 검__ *182*
벼슬자리에 천거한 닭__ *187*
마음을 덥히는 말 한마디__ *192*

1부

어머님과 시에미

시어머님은 무학의 시골 태생이었다. 겨우 당신과 자식들의 이름 정도를 어설프게 그리실 줄 아는 어머님이 처음엔 참 답답했다. 감히 드러내어 불평은 하지 않았지만 투박하고 살갑지 않은 어머니가 서운한 적도 많았다.

어머니는 칭찬에 인색한 분이었다. 자식 면전에서 한번도 잘했다거나 수고했다는 말을 하지 않았다. 딴에는 신경 써서 상을 봐 드린 뒤 '맛있게 드셨냐' 여쭈면 "마, 배부르면 됐지."라고 말을 자르셨다. 은근히 칭찬을 기대했던 새 며느리는 혹 마땅치 않으신 것이 있었나 싶어 안절부절 못하고 죄라도 지은 마음이었다.

그렇게 시간이 지나고 어머니의 손자가 태어났다. 물론 어머니는 한결같이 무뚝뚝하셨다. 갓난쟁이를 처음 안고 흐뭇한 표정은 지으셨으나 역시 칭찬의 말씀은 없었다. 아니다. 생각해보니 "그놈 인중이 길다."란 말을 혼자말처럼 던지셨던 것 같다. 건강하게 장수하라는 덕담이셨음을 이해하는 데 한참이 걸렸.

그런데 한 날, 집안일을 거들어 주던 도우미 아주머니께 희한한 말을 들었다. 아주머니께서 다니러 온 어머니께 "할머니, 손자가 참 영리해요."라고 했더니 망설이지 않고 "우리 며느리가 똑똑합니다." 하시더란다. 아주머니는 여러 집의 노인들을 대해 봤지만 그런 말을 하는 시어머니는 보지 못했다고 했다. 그 후 어머니가 퉁명스레 말씀을 하셔도 고까운 마음이 들지 않았다.

다시 두 해쯤이 지났다. 둘째 아이는 유난히 말이 빠르고 재롱스러웠던 형에 비해 발육이 한참 더뎠다. 두 돌이 지나도록 다른 사람과 눈도 제대로 맞추지 않는 작은아이를 보며 아이 아빠는 울컥 걱정이 치밀었나 보다. 간혹 생각보다 행동이 앞서는 이 사람이 사고를 쳤다.

장모에게 전화를 걸어 "어머니, 혹시 처가에 좀 모자란 사람이 있었습니까." 물었다는 것이다. 친정어머니는 "글세, 우리 집에 그런 사람은 없었던 것 같다."며 좀 늦되는 아이도 있으니 조금만 더 기다려보라며 사위를 달랬다고 하셨다. 몹시 마음이 상하셨을 친정어머니에게 변변히 죄송하다는 말씀도 못 드렸지만 시간이 갈수록 화를 참을 수 없었다.

부창부수인가. 진중치 못하기론 남편보다 한 술 더 뜨는 나는 시어머니께 전화를 걸어 속사포처럼 막내아들의 만행을 고해 올렸다. 눈물까지 섞어 아들을 성토하는 며느리의 말을 듣고 나서 내린 어머니의 말씀이 대박이었다.

"이이고, 내가 아 애비를 모자란 지도 모르고 삼십 년 넘게 길렀구나. 안사돈께 미안해서 어쩌노. 걱정마라. 애가 그럴 리도 없지만 만일 좀 부족하다면 지 애비를 꼭 닮아 그렇게 지 누굴 닮았겠노."

'걱정 말라'는 할머니의 장담대로 아이는 제 앞가림 할 줄 아는 단정한 청년으로 잘 자라 주었다. 모두가 어머니 덕분임을 안다.

머지않아 나도 시어머니가 될 것이다. 그런데 많은 며느리가 진저리치는 시에미가 아닌 우리 어머니처럼 속 깊고 품 넓은 시어머니가 될 수 있을까. 도와 달라 어머니께 부탁드려야 하는데, 자식 곁을 영영 떠나 너무 먼 곳으로 가신 어머니가 아쉽고 그립다.

불알 한 말

❀ 불알, 의학적으로 건조하게 말하자면 포유류 수컷의 생식 기관이다. 남성 성기의 한 부분을 지칭하는지라 여자들에겐 아무래도 쑥스럽고 조심스럽지만 남자들은 스스럼없이 입에 올리는 이중적 성격의 단어이기도 하다.

그래서인지 남자들이 입을 통해 나오는 불알은 참 인간적이며 친근하게까지 들린다. 특히 어릴 적 같이 놀던 친구를 소개할 때 빛이 난다. "내 어린 시절 한 동네에서 같이 자란 친구입니다." 보다는 "내 불알 친굽니다."란 표현이 귀에 착 붙는다. 화끈하고 맛깔스럽다.

여성에겐 가당치 않은 비유가 '불알친구'인지라 비슷한 것이 없나 하여 여기저기를 눈동냥하다 '젖 자매'라는 야릇한 말이 있다는 것을 알게 됐다. 서양에서 건너온 단어인데 정확한 표현은 'breast friends'였다. 첫 가슴가리개를 할 때부터 알던 친구, 즉 유방이 겨우 생기기 시작할 때부터의 친구라는 뜻이란다.

그런데 서양 여자들도 이 말엔 질색을 한다고 한다. 그 심정 충분히 공감이 간다. '젖 자매'라니, 성희롱을 당한 듯 더러운 기분이 들고도 남을 것이다.

옷을 벗어야 드러나는 물건이다 보니 빈털터리를 빗댄 말로 유독 불알이 희생되는 것 같다. '두 쪽만 가진 인간'이라거나 '두

쪽밖에는 없다.' 등 수없이 불알을 난처하게 들먹이는 표현들에 대해 미안한 마음을 가져야 하지 않을까 실없는 생각을 해보기도 했다.

그런데 개인적으로 남의 물건에 큰 실례를 한 적이 있다. 한 이십여 년 전이니 얼굴에 제법 복숭아 빛이 돌 때의 일이다. 사건이 벌어진 그날 아파트 앞 도로에 장이 섰다.

일 없던 차에 구경삼아 장마당을 살피다 잘생긴 햇고구마가 초가을 볕에 붉은 살색을 자랑하고 있는 것을 발견했다. 작정하고 고구마 무더기 옆에 앉아 물건을 살피는 나에게 고구마를 팔러 나온 아저씨가 "좀 드릴까요?" 말을 건넸다.

"네." 선선히 흥정을 하려 아저씨 쪽으로 고개를 돌렸는데. 아뿔싸, 쭈그려 앉은 살집 좋은 아저씨의 반바지 가랑이 사이로 불거진 '거시기'가 적나라하게 한눈에 들어왔다. 늦여름 더위에 속옷 갖춰 입기를 생략한 불찰이었을 것이다. 당황한 젊은 여자 손님의 흔들리는 눈빛과 시선이 마주치자 난처한 사태를 감지한 아저씨가 황급히 자리에서 일어나며 다시 어색하게 물었다.

"얼마나 드릴까요?"

"불알 한 말이요"

저도 모르게 럭비공처럼 튀어나온 망발이다. 머리로 생각한 고구마 대신 눈 속에 남아있는 불알을 뱉은 방정맞은 입을 가리고 혼비백산 장바구니를 던진 채 도망을 칠 수밖에 없었다. 한동안 나는 위기 상황에서 제대로 반응치 못했던 둔하고 멍청한 신체 기관들을 저주하며 자책의 시간을 지내야만 했다.

울고 싶도록 민망했던 상황을 웃으며 이야기하게 됐다. 연륜의 힘이다. 그런데 그날 그 아저씨, 고구마 장사는 제대로 하셨을까.

빛나는 유리반지 하나

🌸 문득 여성들이 보석에 열광하는 이유가 궁금했다. 질문에 먼저 대답한 여인은 '무엇보다 아름다워서.'라 답하며 눈을 가늘게 떴다가, 곧바로 '꼭 가지고 싶다는 것은 아니다.'라며 말꼬리를 흐렸다.

그런데 가지고 싶지 않다는 목소리 톤이 예사롭지 않다. 마치 너무 높이 달려 있어 먹을 수 없던 포도를 포기하며 '저 포도는 시고 떫어서 어차피 먹지 못했을 거라' 한 이솝 우화 속 여우의 체념처럼 느껴지니 말이다. 내 것으로 만들기 버거운 가치의 보석은 결국 가까이하기엔 너무 아득한 '신포도' 같은 것인가.

좀 더 솔직한 이는 '비싸니까'란 돌직구를 날렸다. '되팔면 돈이 된다.'란 실속파도 비슷한 부류다. 좀 더 고상하게 욕망을 포장하여 자신의 소중한 가치를 확인시켜 주는 절대적 의미임을 설명하는 여인도 있었다.

프랑스 여성작가 콜레트가 1944년 발표한 「지지(Gigi)」는 1900년대 프랑스 사교계가 배경인 단편소설이다. 할머니와 대고모의 뒤를 이어 고급 매춘부의 길로 들어선 18세 파리지엔느 '지지'는 남자를 유혹하는 방법과 함께 보석 감정법을 먼저 교육받는다.

주인공의 나이와 비슷했던 스무 살 무렵 소설을 읽었는데, 사교계의 꽃으로 명성을 날렸던 지지의 할머니가 화류계에 갓 입문한 손녀에게 누누이 강조했던 충고가 지워지지 않았다. '누구나 인정할 만큼 가치를 지닌 보석이 아니라면 함부로 몸에 걸치지 마라, 값싼 보석보다는 차라리 정표로 변명할 평범한 링을 지니고 다니는 것이 품위 있다.' 비슷하게 기억된다.

잡다한 호기심이 많은 편이라 보석에 대한 관심 역시 누구에게 뒤지지 않지만 장신구를 주렁주렁 달고 다니길 꺼리게 된 이유 중 하나가 '콜레트'의 영향이었지 싶다. 패물에 익숙지 않다 보니 어쩌다 반지라도 끼게 되면 손가락이 그렇게 무거울 수가 없었다. 그래서 반지나 귀걸이를 달고 외출했다가 거추장스럽고 어색해서 잠시 빼놓은 채 챙기는 것을 잊는 일이 자주 일어났다.

그나마 가지고 있던 몇 개의 장신구도 흐지부지 사라져 변변한 반지 하나가 없게 된 한심한 주변머리를 동생에게 털어놓았더니, 웃으며 듣던 동생이 열 살 무렵 아버지가 자신에게 크고 멋진 보석 반지를 사주었다는 자랑을 꺼냈다.

만화 속 공주가 끼고 있는 반지가 부러웠던 동생은 볼펜으로 손가락에 커다란 보석 반지를 그리고 다녔단다. 그 또래의 계집

아이들이라면 누구나 한번쯤 해보았던 장난이었다.

그런데 저는 예뻐서 몸살을 앓을 지경이었지만 어른이 보기엔 꾀죄죄한 낙서인 우스운 반지 그림을 아버지에게 들키고 말았다. 야단이라도 맞지 않을까 싶어 잡힌 손을 억지로 빼려는 어린 딸의 작품을 한참 들여다보던 아버지는 그냥 빙그레 미소를 흘리셨다고 한다.

며칠이 지난 휴일 오전, 아버지는 막내딸의 손을 이끌고 집을 나섰다. 어디로 무엇을 하러 가는 것인지 영문도 모른 채 따라간 곳이 번화가의 어느 양품점이었다. 상점의 유리 상자 안에는 반짝이는 반지 수십 개가 별처럼 펼쳐져 있었다.

너무나 황홀해서 반쯤 혼이 나간 딸에게 아버지는 '네가 마음에 드는 반지를 모두 골라 가져라.' 하셨단다. 손가락에 맞는 반지 하나를 간신히 찾아 낀 동생은 온 세상을 다 얻은 듯했었다며 사십 년 전의 일에 얼굴을 붉혔다. 아버지는 더 골라도 된다고 하셨지만 더 이상의 욕심은 손톱만치도 들지 않았다고 했다.

몇 년 뒤, 타계한 아버지와 영영 이별한 동생은 자신에게 유리

반지를 사주신 아버지를 아버지의 모든 모습으로 기억하고 있었다. 한없이 다정하고 낭만적인 남성으로만.

그때 아버지가 어린 딸의 손가락에 끼워 준 반지가 중년이 넘은 딸의 가슴속에서 아직도 빛나고 있음을 보았다. 어느 제왕의 다이아몬드보다 더 값지고 영롱한 보석이다.

어린 날의 빛나는 유리반지를 간직한 동생의 가슴은 아버지를 그리워할 때마다 아름다운 보석상자로 변하곤 했을 것이다. 어떤 유산이 이보다 더 아름답게 빛나는 유산으로 남아 있을 수 있을까.

생각할수록 동생에게 샘이 난다. 그렇게 아름다운 보석반지를 저 혼자만 가지고 있었다니. 아버지가 우리 곁을 떠나셨을 때보다 어느새 더 나이가 든 딸은 다시 어린 마음이 되어 투정을 해본다. "나도 반지 하나 가지고 싶다고요, 아버지."

유모차를 탄 애완견

❋ 별 볼일 없는 사람은 개에게도 밀리는 게 요즘 세태다. 그래서 거추장스러운 물건을 미련 없이 치우려 할 때 쓰는 '개에게나 줘버리라.'는 식의 표현도 큰 실례가 되게 생겼다. 이미 반려동물로 위상이 확고해진 잘난 개 앞에서는 견격犬格과

견권犬權을 거스를까 발소리, 숨소리조차 조심해야 할 것 같다. 편안히 명상을 즐기시는 고귀한 개님의 심기를 행여 거슬릴까 싶어서다.

아들네 집에 다니러 온 할머니가 안방에서 새어 나오는 아들 내외의 정담을 듣게 됐다. "자기야, 자기는 세상에서 누가 젤 소중해?" 며느리의 아양에 말랑해진 아들이 대답했다. "물론 자기가 1번이지~." "그럼 2번은?" "다음은 우리 딸이지~."

뜻하지 않게 아들 내외 대화를 엿듣게 된 어머니는 마른침을 꼴깍 삼켰다. '마누라하고 새끼밖에 모르는 못난 놈, 그래 나는 겨우 3번이란 말이냐?'

며느리의 콧소리가 이어졌다. "그럼 3번은 누구야?" "그야 우리 귀염둥이 해피지~." 애완견을 3위에 올려놓은 아들은 살림을 도와주는 고마운 장모님을 4위로 꼽았다. 이놈에게 차이고 저놈에게 빼앗겨 5위로 순번이 정해진 할머니가 아침에 집을 나서며 며느리에게 메시지를 남겼다. 제목은 5번이 1번에게다. "1번아, 5번은 경로당에 다녀오마."

 얼굴을 붉히며 화를 내야 할 이야기를 들으며 우리는 웃는다. 그것도 박장대소다. 이야기를 받은 이가 가정의 달 어느 동네 어귀에 "개를 사랑하듯 부모님을 사랑합시다"란 현수막이 걸렸더라고 했다. 이번에도 낯빛을 바꾸는 사람이 없었다.

 지역의 꽃 박람회장에서 대여한 유모차에 버젓이 개를 태우고 다니는 사람들이 있었다고 한다. 팔 개월이 된 아들을 데리고 축제장을 찾은 젊은 부부는 자신의 아이가 타고 있는 유모차에도 혹시 개가 앉아 있었던 것은 아니었나 싶어 경기가 일어날 지경이었다.

 개가 사람이 타는 유모차에 올라앉은 것은 개 스스로 결정한 의지가 아니지만, 저를 아기라 부르며 옹야옹야하는 아비 어미 탓에 제가 정말 사람인 줄 아는 개가 있을까 걱정이다.

 일찍이 공자가 설파한 극기복례克己復禮는 하극상下剋上에 대한 일침이었다. 제 위치를 망각하고 질서를 뒤집어 지위를 넘보는 어지러운 상황을 걱정하며 "군군 신신 부부 자자君君臣臣父父子子: 임금은 임금답고 신하는 신하답고 아버지는 아버지답고 자식은 자식다워야 한다)라는 정명正名을 주장했다. 역할의 뜻과 실제가 같도록 바로잡아야 한다는 가르침이다.

  그런데 제 분수를 모르고 날뛰는 하극상을 모자란 아랫것들만의 잘못이라 나무랄 수 있겠는가. 질서를 다스리지 못한 윗사람도 책임을 피할 수 없을 것이다. 정해진 각자의 위치를 바르게 지켜야 한다는 공자의 걱정은 현재의 상황에도 어긋남 없이 맞아 떨어진다.

  이참에 정명론의 꼬리를 하나 더 이어야 할까 보다. '사람은 사람답고 개는 개다워야 한다.' 정말로 붙이고 싶은 말은 지금부터다. 정치인은 정치인답고 시민 단체는 시민 단체다우며 예술인은 예술인다워야 한다…….

천생연분

🌸 오래전 얘기다. 허우대 멀끔한 선배가 골드미스와 사랑에 빠지게 됐다. 그런데 불행하게도 그는 자신이 돌보지 않으면 그날로 냉동오리 꼴이 될 집오리 같은 아내와 새끼 오리를 줄줄이 달고 있는 처지였다.

함께 살고 싶다는 로또애인에게 불행한 사나이는 떨리는 목소리로 사정을 고백했다.

"내 마누라가 당신 반만큼의 능력이 있어도 당장 이혼하겠는데…"

"세상에 이런 남자가 있다니…"

눈에 콩 꺼풀이 쓰인 그녀의 귀엔 파렴치한 남자의 구차스런 변명이 사내다운 책임감으로 들렸다. 정신 줄이 날아간 그녀는 위자료와 양육비는 자기가 해결할 테니 오늘 안으로 결판을 내버리라 남자를 독려했다.

애인의 응원을 업고 자정이 넘어 귀가한 선배는 가장을 기다리다 거실 바닥에 옹크린 채 잠든 와이프를 흔들어 깨웠다.

"여보, 일어나 봐. 우리 이혼해야겠어."

아내가 부스스 일어나 앉더니 하품 섞은 목소리로 저녁밥은 먹었느냐고 물었다.

"밥이 문제가 아니야."

"그럼 어디 불이라도 난겨?"

"우리 이혼해야겠어. 우리 이혼하자. 진정이여. 그래야 내가 살거든, 제에발 이혼하자구."

"빈속에 술만 넣고 다니더니 이제 헛소리까지 하네, 빨리 밥 먹고 자빠져 자."

그날 선배는 부인이 궁시렁거리며 차려다 준 밥 한 그릇을 마누라의 신세타령에 말아 비우고는 그대로 엎어져 잘 수밖에 없었단다. 십여 년이 넘도록 잠잠한 걸 보면 부인 옆에서 그런대로 별 탈 없이 지내는 듯싶다.

설사 원수처럼 지낸다 해도 남녀가 짝이 되어 평생을 같이 한다면, 그런 삶을 어른들은 연분이라고 했다. 천생연분이다. 그러나 모르는 척, 안 보이는 척, 안 들리는 척, 참고 또 참으며 살았던 할머니들도 속을 드러 낼 때가 있다.

순박한 농촌 어르신들을 출연시켜 무공해 웃음을 주던 TV 오락프로그램이 있었다. 좋은 세상 만들기였던가, 부부끼리 편을 지어 제시어 알아맞히기 게임을 시켰는데 그날 한 할아버지가 설명해야 할 제시어가 '천생연분'이었다.

할머니가 정답을 말하도록 할아버지가 애를 쓰며 설명을 했다.

"임자하고 나 같은 사이를 뭐라고 혀?"

상품에 욕심이 난 할머니가 급하게 대답했다.

"웬쑤."

할아버지가 크게 손사래를 쳤다.

"아녀. 그게 아녀. 그거 말구, 네 글자여."

잠시 머뭇거리던 할머니는 득의만만한 표정으로 자신 있게 외쳤다.

"아~ 평생웬쑤."

'딩동댕~.' 어떨 땐 오답이 진정한 정답이다. 모든 길은 로마로 통하는 법이니까.

현대 이탈리아의 고속도로는 고대 로마의 가도를 기초로 만들었다고 한다. 당시로선 불가사의라 할 만한 대규모 토목공사가 로마의 가도였는데, 거미줄처럼 사방으로 연결되고 얽힌 로마의 가도는 모두 로마를 향하고 있었다. 그래서 'All roads lead to Rome(모든 길은 로마로 통한다).'는 말이 생겼다고 본다.

모든 길은 로마로 통한다는 표현을 '로마로 향한다'로 이해하는 것보다 '로마에서 출발 한다'로 바꿔 생각하는 것이 더 적절할 수도 있겠다. 아무래도 좋다. 그러나 이 말 속에 제국의 심장인 로마로 가는 길이 다양하다는 진리가 담겨 있음을 잊지 말아야 겠다.

'로마의 도로 건설 이야기일 뿐인데 무슨 소리냐.' 우기고 든다면 같이 어울리기 곤란한 사람이다.

질투의 나날

🌸 아버지에게 어머니는 누구보다 고운 여인이었던 듯싶다. 한 날은 마당에서 열무를 다듬는 어머니를 물끄러미 바라보시다 열 살 난 딸과 눈이 마주치자 "엄마는 열무 다듬는 손도 예쁘지?"라며 멋쩍게 웃으셨다. 어린 마음에도 아버지의 이

런 행동이 어리둥절했다.

당신 눈에 더없이 어여쁜 여인과 산다면 웃음이 떠나지 않았을 텐데 아버지는 자주 어머니와 다투었다. 세상의 이치를 이해하는 나이가 되어 생각하니 불화의 이유 역시 지나친 관심이 문제였다. 물건 파는 아저씨와 인사를 나누었는데 웃는 얼굴을 했다며 화를 내던 아버지의 목소리가 어제처럼 쟁쟁하다.

남편에게 잘못도 없이 야단을 맞고 나면 어머니는 안방 가운데 자리를 딱 펴고 누우셔서 시위를 했다. 사태가 이 정도면 울고불고하면서 부모의 싸움을 말리거나, 주눅이 들어 방구석에 쭈그리고 앉아 있어야 하는 것이 보통 집안의 풍경일 것이다. 그러나 우리 형제들의 반응은 딴판이었다.

아버지와 다툰 어머니는 가족들의 식사준비를 하지 않았고, 아버지는 어머니와 자식의 눈치를 보며 중국집에 배달 전화를 넣으셨다. 엄마, 아빠가 다툴 때마다 자장면을 먹을 수 있었기 때문에 환호를 하며 어머니의 시위를 반겼던 일은 즐겁고도 희한한 유년의 추억이다.

아버지를 생각나게 하는 이야기를 들었다. 한 아버지가 임종하면서 아들에게 유언을 남겼다고 한다.

"애야, 내가 죽거들랑 동네 사람들에게 에이즈에 걸려 죽었다고 알려라."

"아버지는 위암에 걸리신 거잖아요. 왜 이런 흉한 말씀을 하세요?"

"야 이놈아, 그래야 동네 사내들이 네 어머니에게 접근을 하지 않을 것 아니냐."

물론 웃자고 지어낸 이야기다. 그러나 누가 쳐다보는 것도 걸리는 부인 걱정에 노심초사한 남자가 우리 아버지 말고도 또 있었구나 싶었다. 아까운 것이 그리도 많았던 아버지는 아직 한창 젊은 50대에 처와 자식들을 남기고 홀연히 세상을 떠나셨다. 아버지가 아끼던 모든 것들을 하나도 챙기지 못하고.

어머니의 지적대로라면 쳐다보는 눈빛까지 아버지를 닮은 나는 아버지로부터 질투의 에너지를 유산으로 받은 것이 분명하다. 그리고 그 에너지가 삶을 설계하고 어려움을 헤쳐 나가는 원동력이 됐다.

질투는 곧 열등감과 통한다는 왜곡된 정의 때문에 질투의 마음은 가지거나 드러내선 절대 안 되는 것으로 교육받았다. 그러나 나는 '부럽다', '배 아프다'를 노래처럼 부르며 질투의 감정을 당당히 내보인다.

부러워하는 감정을 숨기는 행동을 교양인이나 지식인의 덕목처럼 여기지만 시기의 마음이 없다면 숨 쉬고 있는 자라고 할 수 있을까. 질투로 인한 공격의 표적이 될 수 있기에 자랑을 하지 말라는 충고가 시기하지 말라는 강요보다 오히려 인간적으로 닿는다.

좋은 몸매와 아름다운 미소를 가진 선배가 부러워 그를 닮고자 노력했고, 공부 잘하는 친구에게 지기 싫어 열심히 책을 읽었다. 안정된 직업과 경제력도 질투의 대상이었다. 그래서 그를 따라잡기 위해 잠을 줄이고 저축을 했다.

 잘 자란 이웃의 자녀들, 화목한 가정, 원만한 인맥, 고상한 취미 등 주위에 널려있는 수많은 대상들을 질투하며 그를 닮아보려 살아왔고, 살고 있으며, 살아가려고 한다.

 게를 여러 마리 잡아넣어 둔 바구니는 뚜껑을 닫을 필요가 없다고 한다. 밖으로 기어나가려고 하는 놈을 그 아래 갇힌 놈이 잡고 늘어져서 절대로 탈출을 하지 못하게 막기 때문이라는데, 질투의 파괴적이며 부정적인 예를 경계하는 비유겠다.

 자신보다 나은 대상을 미워하며, 깎아 내리고 방해하는 마음을 질투라고 생각하지 않는다. 부러운 대상이 가지고 있는 덕목을 자신도 가질 수 있도록 나태함을 다잡는 힘이 질투가 아닐까. 질투의 힘으로 생기 넘치는 나날이다.

세상에서 제일 어려운 '질'

❀ 아내에게 얹혀사는 백수 연하 남편이 있다. 아내의 생일날 밥 한 끼는 사줘야 남편 체면이 서겠기에 그는 푼돈벌이를 위해 공사장 잡부로 취업한다. 평소 빗자루 한번 제대로 쥐어 본 적 없었던 청년에게 건축자재를 나르고 주변을 정리하

는 일이 쉽지는 않았다.

　일터에서의 첫날, 반나절을 넘어지고 까지며 실수만 연발하던 그는 새참시간이 되어 공사장 고참 인부들과 공사장 바닥의 스티로폼 자리에 앉아 겨우 숨을 돌릴 수 있었다. 아버지 연배의 인부가 그에게 막걸리 잔을 건네며 질문을 했다.

　"자네 거칠고 힘든 일은 모두 질이라 부른 걸 아나? 지게질, 도끼질, 물질 같은 거 말일세." "손가락질 받는 일에도 질자가 붙잖아요. 도둑질, 노름질, 같은 거요." 청년이 가볍게 대답했다. "그렇지. 그런데 그 많은 질 중에서 가장 어려운 질이 뭐겠나?"

　어느 날, 모임에서 여기까지 이야기를 하며 좌중을 둘러보자 늘 재치가 반짝이는 A선생이 손을 번쩍 드셨다. "그야, 남녀 사이의 질이겠지." 계집질, 서방질 소리는 차마 입에 올리지 못했으나 적당히 눙친 그의 말에 동조하는 웃음들이 터졌다. "아니, 그렇게 그 일이 힘들다면 높으신 양반들이 왜 직접 그 일을 못해 안달인지 모르겠네요. 부하 직원을 시키시지." 짐짓 눈을 흘기며 지적을 하자 더 큰 웃음이 터졌다.

 다시 본래의 상황이다. 청년이 한참 동안 대답을 못하자 얼굴에 주름이 가득한 선배가 자신이 낸 문제의 답을 일러줬다. "바로 숟가락, 젓가락질이라네. 사람 입에 밥을 넣는 수저질이 가장 어려운 일이야. 그래, 밥벌이하기가 쉽지 않지?"

 한참 전에 TV에서 보았던 길지 않던 장면이 머리에서 지워지지 않는다. 아니, 머리가 아닌 가슴에 남아있다고 하는 것이 맞겠다. 그 어려운 수저질을 위해 우리는 밥벌이를 하러 나선다. 아무리 배불리 밥을 먹어도 몇 시간이 지나면 무효가 되는 밥, 살아있는 동안 끊임없이 되풀이해야 하는 밥벌이는 시지프스의 고행과 신통히도 닮았다.

 자신을 죽음의 세계로 데려가려 한 헤르메스를 잡아서 감금시켜버린 시지프스에게 분노한 제우스는 커다란 바위를 산꼭대기로 밀어 올리는 형벌을 내린다. 그런데 바위는 정상에 다다르면 다시 아래로 굴러 떨어지고 만다. 영원히 되풀이되는 가장 지겨운 형벌인 것이다.

    밥벌이도 힘들지만 벌어놓은 밥을 넘기기도
    그에 못지않게 힘들다. 술이 덜 깬 아침에,
    골은 깨어지고 속은 뒤집히는데, 다시 거리로
    나가기 위해 김나는 밥을 마주하고 있으면
    밥의 슬픔은 절정을 이룬다.
    이것을 넘겨야 이것을 벌 수가 있는데,
    속이 쓰려서 이것을 넘길 수가 없다.
    이것을 벌기 위하여
    이것을 넘길 수가 없도록 몸을 부려야 한다면
    대체 나는 왜 이것을 필사적으로 벌어야 하는가?
    그러니 이것을 어찌하면 좋은가?
    대책이 없는 것이다.

    친구들아! 밥벌이에는 아무 대책이 없다,

그러나 우리들의 목표는 끝끝내 밥벌이가 아니다,
    이걸 잊지 말고 또다시 거리로 나가서
    꾸역꾸역 밥을 벌자, 무슨 도리가 있겠는가.
    아무 도리 없다.

 김훈의 글 「밥벌이의 지겨움」이다. 자, 오늘도 도리 없이 힘을 내야 한다. 세상에서 가장 어려운 수저질을 거부할 수 없기에.

80세 미만 어린이는 나가 놀아라

❀ 대추로 유명한 충북 보은에 80세 이상의 초고령 노인들만 이용할 수 있는 경로당이 있다 삼산리의 '산수傘壽어르신 쉼터, 상수上壽사랑방'이다. 80세를 의미하는 산수傘壽와 100세를 뜻하는 상수上壽를 조합해 '상수上壽사랑방'이라 이름을 붙

였단다.

　로대우가 합당한 산수傘壽 이상의 어르신들만의 전용 경로당의 엄격한 나이 제한에 따라 이 경로당에서는 인근 80세 이상 노인 30여 명만이 시설을 이용할 수 있다. 잔말이 필요 없는 확실한 회원 자격이다.

　노인회장은 "전엔 자식뻘 되는 칠순노인들과 한 경로당에서 생활하다 보니 불편한 점이 많았다."고 했다. 자식뻘인 사람들과 한 경로당에서 같이 지내기가 불편했다는 노인회장의 말씀이 어떤 우스개보다 재미롭다. 상수 사랑방 출입 자격을 갖춘 어른들에게는 재롱이나 떨, 아직 한참 어린 나이에 불과하겠지만 70세는 당연히 경로 대접을 받는 나이였다.

　뜻대로 행하여도 도리에 어긋나지 않는 나이라 하여 종심從心, 고래古來로 드문 나이란 뜻으로 고희古稀라고 했는데. 당나라의 시성, 두보杜甫의 「곡강시曲江詩」 중 한구절인 인생칠십고래희人生七十古來稀에서 왔다.

조정에서 돌아와 하루하루 춘의를 잡혀[朝回日日典春衣],
매일 강두에서 취하여 돌아오네[每日江頭盡醉歸].
술빚이야 가는 곳마다 흔히 있지만[酒債尋常行處有],
인생 칠십은 고래로 드물도다[人生七十古來稀].

당나라의 수도 장안의 동남쪽에는 곡강이라는 못이 있었고, 부용원芙蓉苑이라는 궁원宮苑이 있어 경치가 아름다웠다고 한다. 말년에 인근에서 벼슬을 했던 시인은 이 못을 배경으로 하여 곡강시曲江詩를 지었다. 두보에게 인생 칠십은 꿈의 나이였나 보다. 그는 결국 59세에 생을 마감했다. 고래로 드물다 한 70세에서 한참 모자란 나이였다.

상수경로당 멤버십을 갖게 되는 80세 나이인 산수傘壽는 산傘에 팔八과 십十이 들어 있는 것을 풀어서 부른 것이다. 산수를 지나 88세가 되면 미수米壽가 되고, 두 해가 지나 90세 이르면

졸수卒壽라 한다. 91세가 망백望百인데 91세가 되면 100살까지 사는 것을 바라다본다는 뜻이었다. 일백 백百자에서 한 일一자를 뺀 흰 백白자를 붙인 백수白壽는 99세, 사람의 수명 중 최상의 수명이라는 100세를 상수上壽라 한다.

자타공인 백세시대다. 팔십 미만은 감히 경로당을 기웃거리지도 못한다는 상수上壽사랑방이 곧 낯설지도 신기하지도 않게 여겨질 것이다. 나이는 들었으나 젊은 패기가 그대로 살아있음을 형용할 때 노익장老益壯이라는 표현을 한다.

소포클레스는 『클로노스의 에디푸스』를 팔순에 썼다. 베르디가 명작오페라 『오셀로』를 작곡했을 때도 80세였으며, 괴테 역시 대작 『파우스트』를 82세에 집필했다. 이처럼 노익장의 귀감인 몇몇 대가도 존경스럽지만 평범하게 일생을 살다가 칠순이 넘어 예술인으로 거듭난 놀라운 어른들의 자취가 우리를 자극한다.

79세에 발레를 시작, 90세에 무대에 선 발레리노 '존 로우'는 진정한 젊은 오빠다. 특히 미국의 샤갈로 칭송되는 화가 '해리 리버맨'의 자취는 노익장의 교과서다.

1880년 폴란드에서 태어나 29세에 미국으로 이주한 리버맨은 평생을 제과 도매업자로 평범하게 살았다. 은퇴 후 리버맨은 시니어클럽에서 그림을 배우게 된다. 그의 나이 77세 때였다. '몇 년이나 더 살 수 있을까 생각하지 말고 내가 어떤 일을 더 할 수 있을까 생각하라.'는 그의 좌우명대로 그는 나이를 잊고 미술에 매진했다.

101세가 된 해리맨은 22회 기념전시회를 열었다. 성공한 작가의 작품을 보기 위해 개막식에 구름처럼 몰려든 수백 명의 사람들에게 로드맨은 인상적인 충고를 남긴다.

"예순, 일흔, 여든, 혹은 아흔 살 먹은 사람들에게 저는 이 나이가 아직 인생의 말년이 아니라고 얘기해 주고 싶습니다. 무언가 할 일이 있는 것, 그게 바로 삶입니다."

칠순노인을 가리켜 아직 젊은것들이라 나무라는 삼산리 어른들의 정정함이 그저 고맙고 유쾌하다. 상수사랑방을 출입하는 어르신들이 경로당 이름처럼 상수, 천수를 누리시길 바란다. 에헤라디야~.

100년을 앞서 살았던 여인 나혜석

❁ 1896년 4월 28일, 경기도 수원 '큰대문 참판댁'에서 여자 사람이 태어났다. 아버지인 나기정이 부유한 개명관료였던 덕에 4남매 중 셋째로 금수저를 물고 태어난 딸은 영특한 데다 미모까지 빼어났다. 그녀는 진명여학교를 최우등으로 졸업

한 후 조선 최초의 일본 도쿄 여자미술학교 유학생이 된다.

우리나라 최초의 여성 서양화가, 최초의 여성 일본 유학생, 최초의 서양화 전시회를 연 화가, 최초의 유럽 방문 여성, 최초의 이혼녀 등 최초라는 수식어가 항상 따라다니는 개화기의 특별한 신여성 정월 나혜석의 이야기다.

도쿄에서 서구 문물과 사조에 눈을 뜬 그녀는 조선의 가부장 제도가 얼마나 부당한 것인지를 깨닫고 여성 운동의 선구자가 되기로 결심한다.

그녀가 19세에 발표한 「이상적 부인」이란 글은 좋은 남편 훌륭한 아버지에 대한 교육은 없고 여자에게만 각종 의무를 교육하려는 것은 대단히 재미없는 일이라는 항변이다. 지금은 읽는 내내 미소가 지어지지만 여자의 위치가 집에서 기르는 가축보다 중하지 않았던 1914년 당시로선 경천동지할 도발로 여겨졌을 것이다.

유학 중 유부남 최승구를 만나 교제하던 나혜석은 최승구가

폐병으로 사망하자 충격을 받고 잠시 고향으로 돌아온다. 딸의 일탈에 머리를 앓던 아버지가 결혼을 강요했지만 그녀는 아버지의 뜻을 거스르고 일본으로 돌아갔다.

귀국 후 서울 정신여학교 미술교사로 재직하면서도 가부장제를 부정하는 계몽소설 「경희」와 「희생한 손녀에게」를 발표하며 여성 계몽 운동에 게으르지 않았던 그녀는 1919년 3·1운동 당시 김마리아, 박인덕, 김활란 등 여성 운동가들과 함께 비밀 집회를 열다가 체포되어 5개월간 옥고를 치렀다.

이때 만난 남자가 변호사 '김우영'이다. 도쿄 유학 시절부터 그녀를 연모했던 김우영의 변론으로 무죄 방면이 된 나혜석은 이듬해 그와 결혼했는데 신문에 기사로 오를 만큼 떠들썩한 결혼식이었다고 한다.

김우영은 나혜석에게 모든 것을 베푼 남자다. 나혜석의 결혼 조건은 파격적이었다. 사랑해 줄 것, 그림 활동을 방해하지 말 것, 시어머니와 같이 살지 않을 것, 그리고 첫사랑 최승구의 비석을 세워줄 것. 지금도 쉽지 않은 요구를 김우영은 선선히 받아들이고 지원했다.

평생 꽃길이 보장됐던 나혜석의 인생은 남편과 떠난 파리여행에서 운명이 바뀌어 버렸다. 박학하고 예술에 조예가 깊던 최린을 만나 그에게 혼을 빼앗겼던 것이다. 재불 조선사회는 물론 고국에까지 퍼진 엄청난 스캔들로 인해 결국 그녀는 서른다섯 나이에 이혼당한다.

이혼을 하며 나혜석은 '이혼고백서'를 기고했다. 그러나 남성중심사회에 대한 항의이며 여성이 독립된 주체임을 알리는 선언을 한 그녀를 세상은 질시했다. 설상가상, 불륜 상대인 최린에게 정조 유린에 대한 손해배상을 청구하면서 그녀는 사회적으로 완전히 매장당했다. 나혜석 작품 소장가들이 귀하게 구했던 작품을 내다버릴 정도였다.

세상으로부터 내쳐진 후 1946년 서울 자혜병원에서 무연고자로 50년 삶을 마감할 때까지의 그녀의 행적은 알 수가 없다. 그녀의 무덤조차 남아 있지 않다.

  누구보다 화려한 삶을 살았던 아름답고 재능 있던 여성 나혜석. 그녀가 비극적으로 몰락한 원인은 지나치게 앞서간 그녀의 지성 때문이었다. 이제 그녀에게 돌을 던지는 사람이 없는 세상이 됐다. 그래서 그녀가 더욱 아깝다.

2부

가족끼리 창을 겨누다

농가의 풍속과 권농이 담긴 「농가월령가農家月令」는 조선후기 헌종 때 대학자인 다산 정약용 선생의 둘째 아들 정학유가 지은 월령체 장편가사로, 한 해 열두 달 동안 농가에서 할 일을 달마다 정리한 시가다.

그중 팔월의 월령에 명절이란 말과 추석의 풍습이 들어있다.

"북어쾌 젓조기 사다 추석 명일을 쇠어 보세. 햅쌀로 만든 술은 우려 송편 박나물 토란국을 선산에 제물하고 이웃집과 나눠 먹세(북어쾌 젓조기로/ 추석명월秋夕名日 쉬어보세/ 신도주新稻酒 오려 송편 박나물 토란국을/ 선산先山에 제물祭物하고/ 이웃집 난화 먹세)"

"추석 명일 쉬어보세"의 '명일'은 시간이 지나며 '명절'로 변화했다고 한다. 「월령가」를 훑어보면 계절에 따라 좋은 날을 택하여 여러 가지 놀이와 철에 맞는 별미를 가족, 이웃과 즐기며 흥겹게 기념하는 날이 전통 명절임을 다시 깨닫게 된다.

팔월령에는 명절에 말미를 받아 친정에 근친을 가는 며느리에 대한 이야기도 등장한다. 명절에 친정집을 찾는 며느리는 삶은 고기와 떡을 고리에 담고 새로 거른 술병도 챙겼다. 초록 장옷에 남빛 치마로 곱게 단장한 며느리를 배웅하는 시가의 마음씀씀이도 푸근했다.

"여름 동안 지친 얼굴 회복이 되었구나. 한가위 밝은 달밤에 마음 놓고 놀고 오소(여름 동안 지친 얼골/ 소복이 되엿느냐/ 중추야中秋夜 발근 달에/ 지기 펴고 놀고 오소)"

여름 더위에 지친 며느리의 얼굴이 다시 뽀얗게 피어난 것을 보며 마음껏 놀다 오라는 시부모의 사랑이 짠하다. 오랜만에 만난 딸의 얼굴을 보며 사돈이 행여 마음 상하지 않을까 노심초사하는 따뜻한 어른의 마음을 며느리도 감사히 받았을 것이다.

그런데 언제부턴가 명절이 가족과 함께 즐겁게 쉬며 보내는 특별한 휴일이 아니라 가족이 모일 생각만 해도 머리에 쥐가 나는 특별히 고통스러운 날로 변해 버린 듯싶다. 인터넷의 여성 커뮤니티는 명절 스트레스를 호소하는 여성들의 아우성으로 온통 도배되어 있다. 올라온 사연들의 제목만으로도 실상이 한눈에 들어온다.

"추석 전날 시엄니랑 싸우고 친정왔어요/ 27년째 명절 스트레스/ 추석날 큰시누와 시모, 쌍으로 짜증 나/ 누굴 위한 명절인지 너무한 친척들/ 명절 끝나고 이혼이 많아진다는 거 이해 가네"

지난해 이혼 건수가 월 평균 9천백여 건이었는데 추석 다음 달인 10월에는 9천8백여 건을 기록했다. 명절 가족갈등으로 인한 이혼이 통계로 증명됐으니 기가 막힌 일이다.

한가족끼리 창을 잡는다는 뜻의 '동실조과同室操戈'는 부끄러운 '집안싸움'을 경계하는 비유다. 정나라의 대부 서오범의 아리따운 여동생을 서로 차지하려 사촌형제 지간인 공손초와 공손흑은 형제끼리 창을 겨누는 참극을 벌인다.

뒷날 맹자는 이들의 일화를 들어 "사람은 반드시 스스로 모욕한 뒤에 남이 그를 모욕하며, 가정은 스스로 무너뜨린 뒤에 남이 무너뜨리며, 나라는 반드시 스스로 망할 짓을 한 후에 남이 멸망시킨다.(夫人必自侮然後 人侮之 家必自毀 人毀之 國必自伐而後 人伐之)"는 경계의 말을 남겼다.

극심한 명절 스트레스를 호소하는 수많은 사연들을 살펴보면 각기 다른 곡절이 얽힌 듯하지만 신통하게도 그 이유는 하나,

떨어져 살던 가족이 만났기 때문이다. 내 집 네 집 가릴 것 없는 참담한 작금의 현실을 두고 한 청년이 트위터에 올린 명절의 정의가 대박이다.

"명절대이동, 한 발짝만 떨어져서 보면 정말 웃긴 풍습임. 온 나라 사람들이 차표를 끊기 위해 새벽같이 일어나 대기하고, 예매하고 가족들을 만나러 가서 싸움만 함."

오죽하면 마담이

    한참 전에 회자되던 퀴즈가 있다. "기자, 경찰, 세무공무원, 학교 선생이 모여서 술을 먹으면 술값은 누가 낼까?" 질문 받은 사람의 입장에 따라 각기 다른 답이 나오지만 '술집 마담'이 정답이다.

하나같이 대접받는 데만 익숙한 사람들인지라 아무도 지갑을 열 생각을 하지 않기 때문에 기다리다 속이 터진 마담이 욕을 하며 계산을 한다는 유머에 웃지 않는 사람이 없었다. 재미보다 정곡을 찌르는 통쾌함에 터진 웃음이었다.

퀴즈 2탄은 '이들 네 사람 중 세 사람에게 대접을 받는 사람은 누구일까.'였는데, 답은 제 자식의 선생님이었던 것으로 기억된다.

'부정청탁 및 금품 등 수수의 금지에 관한 법률'인 일명 '김영란법'이 헌법재판소의 합헌 결정으로 오는 9월 28일부터 전격 시행 예고되면서, 법적용 대상자와 식사 시 계산을 어떻게 해야 하나 하는 문제가 사회적 고민거리로 떠올랐다.

법의 취지는 모여서 먹은 밥값을 각자 계산하라는 것이다. 그렇지만 용돈을 타 쓰는 학생이나 주부도 아닌 멀쩡한 성인 몇 명이, 먹은 밥값을 서로 각출해 지불하는 것이 이제까지의 사회 정서로는 가당치 않은 일이었다. 카운터에서 서로 계산을 하겠다며 거의 다투듯 언성을 높이는 광경 또한 어색치 않았다.

제가 먹은 밥값을 제가 따로 계산하는 지불방식을 더치페이(Dutch pay)라고 부른다. 네덜란드인들의 접대인 더치 트리트(Dutch treat)는 우리나라에 들어와 지불하다라는 의미의 페이(pay)로 바뀌었다. 더치페이는 우리가 만든 콩글리시인 셈이다. 영어권에선 가볍게 고 더치(go Dutch)라 쓴다.

원래 네덜란드인들은 우리와 비슷한 접대문화를 가지고 있다고 한다. 통 크게 한 턱 쓰는 네덜란드인들의 접대법인 더치 트리트가 각자 계산법으로 의미가 완전히 바뀐 것은 네덜란드와 영국의 갈등 때문이었다.

1602년 네덜란드가 아시아 지역 식민지 경영을 위해 네덜란드 동인도회사를 세우면서 영국과 네덜란드는 식민지를 놓고 충돌하게 됐다. 네덜란드에 대한 적개심에 불탔던 영국은 네덜란드 사람을 비하하기 위해 네덜란드를 뜻하는 더치를 부정적인 의미로 사용하기 시작했다.

그 결과 Dutch와 결합된 영어 단어들은 대부분 부정적인 의미를 담게 됐다. 네덜란드식 경매(Dutch auction)는 서로 짜고 하는 사기경매, 네덜란드식 매매(Dutch bargain)는 술자리에서 맺는 매매계약, 'Double Dutch'는 도무지 알아들을 수 없는 횡설수설이다.

접대문화인 더치 트리트도 이기적이고 개인주의적인 네덜란드인처럼 각자가 지불하는 방식이란 의미로 왜곡됐다. 같이 식사를 한 뒤 음식의 비용은 각자가 지불하는 것이 네덜란드 사람들의 문화처럼 오해하게 만든 것이다.

재미있는 것은 그 후 서양 문화의 변화다. 합리성을 존중하는 의식이 자리 잡으면서 더치 트리트는 본받아야 할 가장 합리적인 문화의 상징처럼 되어버렸으니 말이다.

체면을 중시하는 사회의 분위기 탓에 아직까지는 각자 계산문화가 어색한 것이 사실이다. 그러나 꼭 김영란법을 의식하지 않더라도 더치페이는 자연스럽게 뿌리내려야 할 합리적인 문화임에 틀림없다. 먹고 싶은 음식 편하게 골라 먹은 후, 각자 계산하는 지불 방식이 힘든 일인가. 당연히 접대 받아야 한다고 여겼던 뻔뻔함이 부끄러운 범죄였음을 반성하며 고칠 기회다.

김정남의 죽음

　　🌸 독극물 테러를 당한 북한 김정남의 사진이 공개됐다. 보라색 폴로 반팔 라운드 셔츠와 루이비통 검정 벨트에 청바지 그리고 갈색 가죽스니커즈를 신었다. 의식이 없는 상태로 늘어진 그의 셔츠자락 아래로 살찐 뱃살이 보인다. 평범한

마카오 사람과 흡사하다.

  오른쪽 손목에 두른 황토색 구슬팔찌가 시선을 잡는다. 묵주나 염주로 보이는 팔찌가 단순한 액세서리였다 해도 종교에 의지하고 싶은 김정남의 마음이 전해진다.

  1971년 5월 10일 생, 우리 나이로 마흔일곱이다. 그의 출생은 웬만한 연극보다 더 드라마틱했다. 김정남을 생산했을 당시 생모 성혜림은 카프(KAPF)문학을 대표했던 월북 작가 이기영의 아들로 더 알려진 김일성종합대 연구사 이평의 부인이었다. 이기영은 며느리가 김정일의 아이를 낳는 기막힌 수모에 분을 참지 못하고 절필했다고 한다.

  김정일이 유부녀와 낳은 자식을 김일성에게 알린 시점도 극적이다. 아버지의 담당 간호사가 이복동생인 김현을 출산한 기회를 틈타 손자의 존재를 김일성에게 알렸으니 말이다.

  어쨌든 김정남은 북한 최고 권력자의 장손으로 거칠 것 없이 성장했다. 러시아 모스크바의 프랑스어 특수학교를 시작으로 스위스 제네바의 국제학교와 제네바 대학교를 거치며 영어, 프랑스어, 러시아어까지 능통했던 김정남은 즉흥적인 성정으로 인해 망나니로 알려지기도 했다. 여자를 놓고 시비가 일자 북한제 58 권총을 천장에 발사했다는 '고려호텔 총기난사사건' 등 김정남의 몇몇 파행은 유명하다.

김정남이 아버지의 눈 밖에 난 사건이 가짜여권 입국 의혹이다. 2001년 5월 도미니카 국적의 위조 여권을 이용해 일본에 밀입국하다 발각된 김정남은 당시 부인 및 아들로 보이는 어린이와 함께 입국했고 도쿄 디즈니랜드를 가기 위해 왔다고 진술했다.

신분을 노출시켜선 안 되는 그가 가족까지 데리고 밀입국을 하다 발각돼 중국으로 추방된 어설픈 행동을 김정일은 용납하기 어려웠을 것이다. 이 사건을 계기로 그가 후계경쟁에서 밀려났다는 예측이 돌았다.

2011년 12월 사망하면서 김정일은 "김정남을 많이 배려해라,

그 애는 나쁜 애가 아니다. 그 애로를 덜어줘야 한다."라는 유언을 남겼다. 그러나 김정은의 입장에선 3대 세습의 정당성을 확보하기 위해 두 명의 백두혈통의 공존은 정리해야 할 걸림돌이었다. 생모가 재일교포인 김정은의 정통성에 대한 위협이 될 수 있었기에 맏형의 존재가 눈엣가시였을 것이다.

더럽고 잔인한 형제간의 권력다툼으로 조조의 아들 조비와 조식의 싸움을 꼽는다.

『삼국지』 군웅 중의 한 명인 조조는 군막 속에서도 책을 놓지 않은 문학가였다. 조조의 다섯 아들 중 둘째 아들인 조비와 넷째 아들인 조식이 아버지의 문학적 재능을 이어받았다. 조비는 대문호로 칭송받았다. 그러나 안타깝게도 아우인 조식은 그를 능가하는 천재였다.

글재주가 비범한데다가 무예까지 뛰어난 작은아들을 편애한 조조는 큰아들 조비 대신 조식을 태자로 세우려 했으나 뜻을 이루지 못하고 세상을 떴다. 아버지가 죽자 형제의 비극이 시작됐다. 조조가 죽은 뒤 위왕을 세습한 조비는 후한의 헌제를 폐하고 스스로 제위에 올라 위魏의 문제文帝가 된 후 조식을 제거할 궁리를 했다.

이때 조비에게 한 신하가 아첨을 했다. 모두가 명시인이라고 칭찬하는 조식에게 시를 짓게 해서 실수를 하면 추궁하여 죽이라고 한 것이다. 이에 조비는 조식을 불러 '형제'를 시제로 하여 일곱 걸음을 걷기 전 시를 지어보라는 하명을 했다. 조식은 일곱 걸음을 걸으며 시를 만들어 바쳤다.

콩대를 태워서 콩을 삶으니/ 가마솥 속에 있는 콩이 우는구나/ 본디 같은 뿌리에서 태어났건만/ 어찌하여 이다지도 급히 삶아대는가

시에 감동하여 뉘우친 문제가 동생을 살려주었지만 조식은 결국 진陳에 분봉되어 감시상태로 지내다 비탄과 슬픔 속에서 일

생을 마감했다.

이국의 공항에서 숨을 다해 널브러진 김정남의 사진을 본다. 결국 콩대를 태워서 콩을 삶은 참사다. 혈육마저 냉정하게 처단하는 잔혹한 권력다툼의 결과가 무섭고 슬프다.

문학상보다는 평화상이 어울릴 밥 딜런

밥 딜런의 노벨문학상 수상 소식은 머리를 세게 맞은 듯한 충격이다. 밥 딜런의 음악에 심취했으나 그를 시인이라 생각해보진 않아서다.

사라 다니우스 한림원 사무총장도 밥 딜런의 작품을 "귀를 위한 시"로 표현했다. 상당히 애를 쓴 티가 나는 문학적 표현이긴 하나 왠지 작위적인 변명처럼 여겨진다. 아무튼 유명가수가 그 어렵다는 노벨문학상을 거머쥔 셈이다.

의식 있는 저항가수로 유명한 그는 팝의 레전드가 된 「블로잉 인 더 윈드」(Blowin' in the wind) 등 반전의 메시지를 담은 노래로 20세기의 우상이 된 사람이다. 블로잉 인 더 윈드는 '바람만이 아는 대답'으로 번안되어 국내에서도 큰 인기를 얻었다.

그의 노래가 20세기 대중음악에 끼친 영향은 부정할 수 없는 사실이다. 그러나 대중가수에게 꼭 노벨문학상을 안겨야 했나 라는 점은 두고두고 논란거리가 될 것임이 분명하다.

밥 딜런의 문학상 수상은 전력이 있다. 2004년 자서전 『크로니클스』(Chronicles)를 펴냈는데 그해 미국 뉴욕타임스가 뽑은 올해 최고의 책으로 선정되어 내셔널북어워드를 수상했다. 2008년에는 "특별한 시적 힘을 가진 작사로 팝 음악과 미국 문화에 깊은 영향을 끼친" 공로로 퓰리처상을 수상하기도 했다.

그런데 내셔널북어워드를 수상한 밥 딜런의 자서전이 표절시비에 휘말린 일이 있었다. 유명인들의 자서전이 대부분 대필로 출판되는 것과는 달리 그가 직접 타이프를 치며 쓴 책으로 알려진 이 책의 내용 중 미국의 소설가 잭 런던의 글이 그대로 인용되었던 것이다. 열을 받는 잭 런던은 밥 딜런을 고소했다.

2001년에 발표한 '사랑과 도둑질(Love and Theft)'도 일본의 소설가 주니치 사가의 글을 끼어 넣은 것이 밝혀져 논란이 됐다. 표절 시비에 대한 딜런의 해명은 죄의식이 없었다. "인용은 포크와 재즈를 더욱 풍요롭게 하는 오랜 전통이며 멜로디와 리듬이 더해진다면 무엇이든 당신의 것으로 만들 수 있다"고 딜런은 대답했다. "우리는 모두 그렇게 한다"는 부연설명도 잊지 않았다.

자신은 노래를 만드는 사람이지 표절의 잣대를 들이 댈 작가가 아니라는 인터뷰로 읽혀진다. 그의 노래 가사처럼 바람만이 아는 대답인가.

『월스트리트저널』은 이와 같은 밥 딜런의 행태에 대해 "딜런의 수상을 비판하는 이들은 그가 타인의 표현을 빌려 자신의 창작물에 맞게 사용하곤 했던 습관을 지적한다."라고 비꼬았다.

「밥 딜런이 문학인가(Is Bob Dylan Literature?)」라는 제목의 기사에서다.

전업 문인이 아닌 문학상 수상자가 밥 딜런만은 아니다. 1953년엔 영국의 정치가 윈스턴 처칠이 '제2차 세계대전'으로, 1950년엔 영국의 사상가 버트런드 러셀이 사회운동 참여로, 1927년엔 프랑스의 철학가 앙리 베르그송이, 1902년엔 독일의 역사학자 테오도어 몸젠이 테오도시우스 법전 편찬 등의 업적으로 노벨문학상을 수상한 바 있다. 프랑스의 사상가 장 폴 사르트르는 카뮈가 57년에 받은 상이라 하여 1964년 노벨문학상 수상을 거부했다.

비문인 수상자라고는 하나 이들은 전문 문인 못지않은 뛰어난 필력으로 집필활동을 했기에 수상에 이의를 제기하는 목소리가 없었다. 그래서 밥 딜런을 역대 비문인 수상자와 비교하기엔 아무래도 균형이 맞지 않는다.

  노벨문학상에서의 문학이 순수한 문학이 아니라 언어나 문자로 표현한 예술활동을 모두 쓸어 담는 것이라면 문학상이란 이름을 바꾸어야 하지 않을까. 반전과 평화, 자유, 저항에 기여한 공로를 인정했다면 밥 딜런에게 문학상보다 평화상을 주는 것이 더 타당하리라.

보나르 아저씨

어느 날 보나르 화방이 슬그머니 사라진 것을 알았다. 보나르 화방 뒤편 현대극장 자리를 밀어내고 들어섰던 백화점이 우여곡절 끝에 서울의 대형 백화점 계열에 흡수되고 난 후, 보나르 화방터를 사들여 주차타워를 만들고 만 것이다.

현대극장과 출입문을 마주보고 있던 청주극장도 이미 사라진 지 오래다. 의류를 파는 패션몰로 한참 운영되더니 대형서점이 건물을 인수했다고 했다. 옛 성안길에 즐비하던 서점들이 커피 전문점과 화장품 가게로 변하는 것이 서운했던 터라 청주극장 자리의 서점이 반갑고 고마웠는데 그마저도 몇 년을 버티다 문을 닫게 되었다는 소문을 들었다. 지나다 일부러 서점을 기웃거려보니 폐업 안내판이 찬바람이 도는 입구를 막고 있었다.

시간이 흐르고 지난 세월과 함께 낡은 거리가 변하는 것이 당연한 흐름인 줄 알고 있지만 묵은 기억이 서려 있는 추억의 장소가 사라지는 것은 오랫동안 간직했던 일기장을 잃어버린 것처럼 아깝고 안타깝다.

잠시 노닐던 자리에 대한 애착이 이러할진대 마음을 나누던 정인에 대한 마음은 오죽할까. 우영 선생이 타계하신 후 마음 둘 곳이 없어 힘들어 하시는 지역의 선배들을 보며 그분의 자리가 얼마나 컸던가를 실감한다.

기억 속 우영 선생님은 이상한 보나르 화방 아저씨다. 보나르 화방의 원래 자리는 이전해서 백화점 주차타워로 변한 화방 자리의 길 건너편 모서리였다. 사탕을 입에 문 어린 소녀였던 내가 폴짝거리며 화방에 그림 도구를 사러 가면 절대 가게 주인같이 생기지 않은 얼굴이 흰 아저씨가 무심히 물건을 내 주시곤 했다. 싹싹하고 상냥하신 아주머니가 대부분 화방을 지키셨지만 어쩌다 보나르 아저씨가 자리에 계신 때는 어린 마음에도 교장실에라도 들어가는 것처럼 걸음이 조심스러웠던 것 같다.

청주여고에 입학하고 미술반에 들어가 본격적인 그림공부를 시작하면서 자잘한 미술용품을 얻기 위해 보나르 화방을 학교 다음으로 자주 찾게 되었다. 화방의 규모가 커지면서 작품의 표구까지 부탁할 수 있었으므로 보나르 화방은 집처럼 친숙한 공간이었다.

미술과에 입학해 대학생이 되고 나서 지역 작가들의 사랑방이던 보나르화방의 아저씨에 대해 알게 되었다. 그분이 충청일보

기자라는 사실을 듣고 화방 주인만큼이나 안 어울리는 직업이라 느껴져 놀랐던 일이 어제처럼 생생하다.

우영 선생님을 지역문화계의 큰어른이라 부른다. 참 어울리는 별칭이다. 청주문화원장과 충북예총 회장을 역임하셨으니 당연한 평가겠지만, 설사 문화원장이나 예총회장직을 맡지 않으셨다 해도 문화활동 이외의 다른 일엔 관심도 적성도 없으셨을 분이 우영선생이시다.

마주치면 인사만 올렸던 우영 선생님과 격의 없이 대화를 나누게 된 것은 불과 십여 년 전이다. 문화원에서 우영 선생님을 만나 몇몇 문화계 인사들과 함께 술자리를 하게 됐다. 그런데 앞자리에 앉아 있는 나를 한참 바라보시더니 껄껄 웃으셨다.

"갈래 머리를 하고 물감 사러 왔던 꼬마가 어느새 자라서 술을 같이 마시게 됐네. 격세지감이여."

목을 세우고 있던 중년의 여자는 선생님의 '격세지감' 한마디에 여지없이 땅꼬마로 떨어져 버렸다. 동네 강아지는 커서도 강아지다. 이미 기가 죽어 어깨가 오그라든 내게 선생님은 술잔을 권하셨다.

"이제 내가 친구로 불러 달라 부탁해야겠네."

그날 이후 선생님은 옛날의 꼬마를 정말 친구처럼 대해주셨다.

우영 선생님이 떠나시고 계절이 몇 번 바뀌었다. 그러나 우영 선생님이 곁에 계시지 않는다는 생각이 들지 않는다. 주위를 평범하게 다독이신 누구보다 비범했던 선생님, 선생님께 약주 한 잔 올리면 온화한 웃음으로 금방 술잔을 받아 주실 것 같다.

어느 때나, 누구에게나.

아직 곁에 계신 큰 오빠

아직 이상훈 선생님의 번호를 휴대전화 목록에서 지우지 못했다. 우리 곁을 떠나시고 계절이 몇 번 바뀌었는데 카카오 톡 프로필 사진은 '뭘 쳐다봐요?' 금방 묻기라도 하실 표정이다.

010 5465 5001 전화번호를 터치해 본다.

잠시 연결음이 울리더니 색깔 없이 곱기 만한 여인의 목소리가 튀어 나온다.

"지금 거신 번호는 없는 번호입니다. 다시 확인하시고 걸어주세요."

혓바늘이 돋은 것처럼 아린 슬픔이 치민다. 이별의 말을 듣지 못해서일까. 그냥 슬쩍 자취를 감춘 분이라 여겨진다. 그래서 어른에게 버림받은 아이의 느낌이 드나 보다.

이상훈 선생을 처음 가까이 뵙게 된 것은 어느 문화 행사장에서였다. 당시 작품 낭송을 하게 됐는데 선배 문인이면서 은사이신 모 교수님과 행사 후 함께 뒤풀이를 하지 않겠냐 말을 건네셨다. 예나 지금이나 경망스럽기 짝이 없어 어른 어려운 줄 모르던 나는 이상훈 선생님께 웃으며 대답했다.

"저는 마흔 넘은 분과는 자리를 같이하지 않습니다. 선생님께서 올해 꼭 마흔이시라면서요? 작년이었다면 가능했을 텐데 아쉽네요. 감사합니다."

당시 예순쯤이시던 선생이 파안대소를 하셨다.

"그렇군. 아깝네요."

그 후 사회활동을 하게 되면서 그분이 얼마나 대선배님인가를 알게 되었다. 얼굴을 마주칠 때마다 민망해서 목이 움츠러들었지만 선생은 깜찍한 사람이라 불러주시며 당돌하기 짝이 없는 사람을 스스럼없이 반가워하셨다.

선생님을 작년 봄, 복지재단의 정기회의에서 마지막으로 뵈었다. 회의를 마친 후 시내 중국음식점에서 식사를 하고 나오다 그냥 헤어지기가 아쉬워 커피를 나누자고 하셨다. 그날의 몇 시간이 사진처럼 선명하다.

멋쟁이인 선생님은 길목의 구두 수선집에 아직 말끔해 보이는 구두를 닦으라 맡기셨다. 수선집의 발에 맞지 않는 슬리퍼를 끌고 찻집까지 어색하게 걸어가던 선생님의 뒤를 따라가며 이제 곧 꽃이 피겠구나 생각했다. 햇살이 부시던 삼월의 오후였다.

과자를 함께 파는 찻집에서 선생님이 심심할 때 드시겠다며 크래커를 고르셨는데 같이 동행했던 박영수 선생님이 우리도 한 통씩 사달라고 장난스레 조르셨다. 웃으며 동생들의 과자를 계산해 주시던 넉넉한 형. 바로 그분의 캐릭터다.

그날 카페라떼를 앞에 놓고 돌아가며 우스개감을 풀어놓았다. 어쩌다가 봉변을 당해 며느리에게 동서 소리를 듣게 된 시어머니의 이야기를 꺼냈더니 무릎을 치시며 수첩을 꺼내 요점을 정리하셨다. 뭐하러 적으시냐며 정리해서 문자 메시지로 넣어드리겠다고 하니 그렇게 좋은 이야기는 빨리 전해달라며 즐거워 하셨다.

그런데 즐겁고 유쾌하고 아름다운 이야기는커녕 간단한 안부 문자도 넣어드릴 새가 없었다. 갑자기 입원을 하셨고 병환이 위중하다는 소식이 들려왔다. 그리고 거짓말처럼 우리 곁을 떠나셨다.

이상훈 선생님처럼 품이 넓으신 형님을 어디서 찾을 수 있을까. 새카만 후배가 버릇없이 말대답을 해도 껄껄 웃어 주시던 분. 아무리 바빠도 안부를 먼저 챙기시며 격려해 주시던 분. 술 한 병, 과자 한 통이라도 정스럽게 챙겨주시던 분.

선생님의 카카오 스토리에 화관무를 추는 어여쁜 자태의 여인이 들어있다. 이렇게 아름다운 모든 것을 아깝게 남겨두셨구나. 그러나 우리는 그분을 차마 이별하지 못하고 있다. 이별할 수가 없다. 너무나 크고 믿음직한 큰 형님, 큰 오빠였기에

화장품 뷰티세계박람회장의 예쁜 남자

기네스북에 올랐다는 소문이 있을 만큼 아름다운 세계 최강 꽃미남이 배우 '비요른 안드레센'이다. 인기 만화 「베르사유의 장미」 속 주요 캐릭터인 '오스칼'의 실제 모델이 바로 '비요른 안드레센'이었다고 한다.

마리 앙투아네트 시대를 그린 「베르사유의 장미」에 등장하는 오스칼이 남장 여자라는 것이 참으로 아이러니하다. 남장을 하고 남성처럼 살았으나 어느 여인보다 아름다웠던 여성 오스칼에 가장 부합하는 이미지로 웬만한 여성 뺨치게 아름다운 진짜 남성을 고른 셈이니 말이다.

1955년생으로 어느덧 이순을 넘은 그는 현재 음악을 가르치며 평범한 삶을 살고 있다고 한다. 그의 미모를 세상에 알린 루키노 비스콘티 감독의 영화 「베니스에서의 죽음」에서 15세의 비요른 안드레센은 동성애의 대상으로 출연했다. 워낙 강렬했던 영화의 이미지 탓에 게이로 오인받기도 했으나 그는 결혼하여 1남 1녀를 둔 정상적인 생활을 하고 있다.

비요른 안드레센의 뒤를 잇는 꽃미남으로 최근 주가를 올리고 있는 남성 모델 안드레 페직 역시 '여자보다 예쁜 남자'다. 최근엔 유명 여성 패션잡지인 세르비아판 「엘르」 신년호 표지에 프랑스 디자이너 장 폴 고티에의 의상을 입고 등장, 호사가들을 즐겁게 했다.

　여자도 흉내 내기 힘들 정도의 고혹적인 자태로 여성을 주눅들게 하는 이 남자는 2011년 여성용 란제리 모델로 캐스팅돼 세상을 놀라게 했는데 '메가 푸시업 브라'라는 브레지어를 착용하고 광고를 찍었다. 그의 완벽한 화보는 입을 다물지 못할 정도로 눈부시다.

　오드꾸뛰르 패션쇼에서 웨딩드레스를 입고 등장한 안드레 페직을 여자로 오인한 해외 남성 전문 잡지 FHM이 그를 '세계에서 가장 섹시한 여성 100인'에 선정하여 웃음을 주기도 했는데, 기자의 잘못이 아니라 너무나 아름다운 이 남자의 미모가 부른 촌극으로 이해할 수밖에 없었다.

　1991년생인 페직도 선배 미남 비요른 안드레센처럼 건강한 남자로 살고 있다고 한다. "나에게 있어 남성 혹은 여성은 별로 중요하지 않다. 남성복을 입을 땐 남성처럼, 여성으로 분장할 땐 여성처럼 보이기를 원할 뿐"이라고 자신을 설명하는 그는 성을 초월한 축복받은 모델이다.

이 정도 수준에까진 다다르지 않았지만 우리나라의 미용 시장에도 남성 모델 바람이 불고 있다. 2006년 배우 현빈이 처음 여성 화장품을 광고한 이래 당연히 여자배우들이 독식했던 화장품 업계에 이성마케팅이 슬슬 일반화돼 가는 분위기다. 인기 있는 남성스타를 여성 화장품 모델로 기용해 여성들의 마음을 얻겠다는 전략이지 싶은데. 구매력이 있는 누나들은 김현중, 장근석, 동방신기, 송중기 같은 꽃미남 스타들에 열광하며 주저하지 않고 지갑을 열었다.

화장품에서 이성마케팅으로 재미를 보자 여성 속옷 시장에서도 남성미 넘치는 배우 소지섭을 광고에 내세웠다. 여성 모델들이 위기를 느낄 만한 사태인 것이다.

그런데 오송 화장품·뷰티세계박람회조직위가 '건강한 생명, 아름다운 삶'이라는 박람회 주제를 보다 흥미롭게 표현하기 위해 이색美선발대회를 마련한단다. 그중 주목을 받는 부문이 여자보다 예쁜 남자를 가린다는 여장남자 선발대회다. 예선에 참여하지 못한 관람객에게도 기회를 주기 위해 조직위는 행사당일 현장에서 '길거리 면접'을 통해 뽑은 남성 2명을 여장남자 선발대회에 내보낸다는데 예쁜 남자를 찾으려는 조직위의 극성이 대단하다.

남자를 예쁘다고 해도 흉이 아닌 칭찬이 됐으니 세상이 참 많이 변하긴 했나 보다

생리대 퍼포먼스의 충격

입 밖으로 내기 망설여지는 주제를 꺼내보겠다. 민망하지만 여성들의 생리대 이야기다. 서울 인사동길 한 공사장 가림막에 생리대 10여 장과 여성 속옷을 내건 전대미문의 퍼포먼스가 있었다.

행사 본래의 취지는 '경제협력개발기구 국가 평균보다 2배 가까이 비싼 한국의 생리대 가격'에 대한 항의 시위였다. "생리라고 말하는 것조차 금기시하는 억압에 대한 저항"이라는 문구가 덧붙여졌다.

행사를 주최한 캠페인 제안자는 제 권리를 찾을 줄 아는 소비자 의식이 서 있는 사람으로 짐작된다. 그러나 부당하게 높은 생리대 가격을 정부가 나서서 규제하라는 시위에 꼭 생리혈이 묻은 것처럼 붉은색 물감을 칠한 생리대를 전시해야 했는지, 지나치게 친절한 보도사진을 통해 드러난 현장은 거북함을 넘어 구역질이 솟구치게 했다.

제발 소문으로 그쳤길 바랐지만 사용했던 속옷까지 들고 나와 붙인 강성 참여자가 있었던 모양이다. 관음증 환자를 만족시켰을 그녀는 피 묻은 생리대가 더럽다는 생각의 전환점이 됐으면 해서라며 더럽다고 숨기는 분위기를 바꾸고자 한다는 결연한 의지를 피력했다.

생리는 임신이 되지 않았을 때 자궁내막이 호르몬의 분비 주기에 반응, 저절로 탈락하여 배출되는 현상이다. 남자들은 짐작도 못할 불편은 기본이고 형용이 불가한 통증이 따라붙기도 한다. 정서의 기복도 커서 내 안에 다른 사람이 들어왔다 나간 듯한 경험을 하는 사람도 있다.

생리로 불편을 호소하는 사람을 배려해 주야 하는 것은 맞다. 하지만 생리혈이 묻은 생리대는 인체의 노폐물이 밴 더럽고 냄새나는 쓰레기일 뿐 내놓고 자랑할 신성한 대상이 절대 아니다. 휴지통에 버리더라도 다른 사람을 배려하여 깔끔히 싸서 처리하는 것이 당연한 에티켓임을 누구나 알고 있다.

입장을 바꿔 노년층이 변이 묻은 실금 팬티를 벌건 대낮에 내다 걸고 일회용 위생팬티의 가격을 복지차원에서 정부가 조정하라 외쳤다면 어떤 반응이었을까. 노망난 노인의 망동으로 신고 대상이었을 뿐, 독자를 자극하는 황색저널의 관심을 끌 수는 없었을 것이다.

여성의 피 묻은 속옷이 귀하게 거래된 예가 있었다. 남아선호 사상이 국가를 지배한 조선시대의 일이다. 혼인을 한 여인들은 가문을 잇는 아들을 낳기 위해 도끼나 석불 등을 몸에 지녔는데 그중 가장 효험 있는 물건으로 꼽았던 것이 아들을 낳은 산모의 출산혈이 밴 속옷이었다.

아들을 잉태하는 데 즉효가 있다고 믿은 귀한 산모의 속옷은 구하기 만만치 않은 물건이었다. 가까운 친인척 간에나 은밀히 받을 수 있었기에 아들을 간절히 원하는 집에서는 속옷을 훔치기까지 했다고 전한다.

주눅 들지 않는 당당한 자신감을 넘어 타인을 외면하게 만드는 몰염치한 여성들이 도처에 널려 있다. 버스나 지하철 안에서 큰 소리로 쌍욕을 날리며 웃고 떠드는 것은 기본이다. 대로변에서 행인들과 눈을 맞추며 담배연기를 날리고, 아무렇지도 않게 침을 뱉는다. 만취해서 아무데서나 널브러져 잔다. 화장실이 아닌 직장이나 학교의 복도에서 태연히 양치질을 하며 돌아다닌다.

그러나 보통 용기로는 이런 여성을 지적하지 못한다. 바른말을 한다면 바로 구태에 젖은 꼰대를 넘어 여성비하자로 봉변을 당할까 두려워서다. 시대에 맞춘 씁쓸한 처세법인가.

아줌마가 사람 잡네

항간의 최대 이슈 중 '음식점 임산부 폭행사건'이 있었다. 무슨 미스터리 사극의 제목과도 같은, 언짢고 찜찜한 사건의 내막은 대충 이랬다.

인근 도시의 유명 프렌차이즈 식당에서 한 여자 손님과 여종업원 사이에 시비가 붙었다. 몸싸움으로 다툼이 발전했으나 주위의 만류로 상처를 입는 불상사는 일어나지 않았다. 그러나 봉변을 당한 손님은 괘씸한 식당 응징에 적극적으로 나섰다. 자신이 임산부임을 밝혔는데도 배를 발로 차였다며 각종 SNS와 언론에 일방적 폭행을 호소한 것이다.

지금이 어떤 시대인가. 임산부의 지위가 나라님보다 고귀한 시대가 아닌가. 임산부가 배를 차였다는 울먹임에 여론은 한 마음으로 분노했다. 폭행을 한 종업원은 물론 종업원 교육을 소홀히 한 프렌차이즈 식당에 쏟아지는 욕설이 융단폭격 같았다.

식당 이름이 포털사이트 실시간 검색어 1위에 오르는 초유의 사태가 벌어지자 프랜차이즈 본사는 공식 홈페이지를 통해 사과문을 올리고 모든 책임과 함께 문제의 지점을 폐쇄하겠다는 대책을 발표했으나 이미 실추된 회사 이미지와 영업 손실을 막을 도리가 없었다.

그런데 식당에 설치된 폐쇄회로 TV에서 임산부 측의 주장과는 많이 다른 내용이 확인됐다. 물리적 시비가 있긴 했지만 종업원이 먼저 머리채를 잡고 배를 차는 장면은 발견되지 않았다. 임산부라는 손님의 주장이 사실무근이며 오히려 피해자라는 손님이 종업원에게 욕설과 함께 머리채를 잡고 배를 찼다는 목격담이 보태졌다.

CCTV 덕분에 명예를 회복하게 된 프랜차이즈 본사는 "CCTV 확인 결과 폭행 사실은 없었다."라는 공식 입장을 발표했다. 홈페이지에 내걸었던 사과문도 내렸다.

놀라운 것은 여론의 움직임이다. CCTV를 통한 정밀조사 결과 임산부가 온라인상에 올린 글이 지어낸 소설로 밝혀졌다는 소문이 돌자 식당을 비난했던 여론의 화살은 구령에 맞춘 듯 임산부에게로 돌려졌다. 거의 빛같이 날쌘 속도다.

배를 차였다던 임산부는 한순간에 보호해야 할 '국민 임산부'에서 자기보다 한참 나이 많은 여종업원을 비하하며 무시하고 누명까지 씌운 '국민 사이코'로 내려앉았다. 기업을 상대로 과도

한 피해보상금을 요구하거나 거짓으로 피해를 본 것처럼 꾸며 보상을 요구하는 블랙 컨슈머(Black Consumer)라는 의심까지 얹혀졌다.

식당 측의 주장에 의하면 손님이 큰 소리로 '아줌마'를 외치며 서비스를 지시했다고 한다. 종업원이 벨을 눌러달라고 하자 손님이 발끈한 모양이다. 서비스가 엉망이라며 수저를 던지고도 분을 참지 못해 '년'자가 붙는 욕설을 퍼부었다. 계산도 하지 않고 나가자 물리적인 충돌이 벌어졌다는 주장이 사실이라면 평범한 인격의 사람은 아닌 듯싶다. 그러나 이 또한 일방적인 주장일 따름이다.

양쪽의 주장을 참고로 하여 사건을 추리해보니 사건의 단초가 된 것이 '아줌마'라는 호칭이었다는 생각이 든다. 여종업원은 '아줌마'라는 호칭에 모욕을 느꼈었나 보다. 자신을 부르는 손님에게 '무엇을 원하느냐.'는 말 대신 '벨을 누르고 주문하라.'고 한 대꾸는 명백한 짜증이었다. 물론 종업원의 불손한 태도를 욕으로 값은 손님의 잘못도 크다.

　아줌마는 아주머니의 어린 말이다. 본래 형수나 처남댁을 부르는 호칭이지만 결혼한 여자를 편하게 아주머니라 부르게 됐다. 그런데 언제부턴지 아주머니는 나이든 여자를 깔보고 부르는 막말처럼 인식되고 있다. 아주머니, 아줌마는 불리는 순간 분이 치밀어 오르는 하대어로 변질되었단 얘기다.

　손님에게 '아줌마' 소리를 했다면 이제 장사 그만하겠다는 시위라고 한다. 무조건 '사모님'이라 부르는 것이 모범 호칭이다. 종업원도 '아줌마' 소리에 질색하는 건 마찬가지다. 한 식당의 나이든 여종업원을 '아주머니'라 불렀더니 정색을 하며 '언니'라 불러 달라 했다. 지적을 당한 후부터 '저기요' 정도로 대충 얼버무려 부르고 있다. 비위가 좋지 못한 터라 '언니' 소리가 입 밖으로 나오지 않아서다.

　쌍방이 폭행죄로 맞고소를 했던 불상사는 흐지부지 정리가 됐다. 그러나 인터넷 여론재판으로 큰 상처를 입고 결국 가게 문을 내린 식당 업주의 경제적, 정신적 피해는 누가 보상할 것인가. 아줌마가 사람 여럿 잡은 셈이다.

3부

선풍기아줌마의 눈물

❋ 성형중독의 폐해가 도마에 오를 때마다 가장 나쁜 예로 거론되는 인물이 선풍기아줌마다. 좀 더 아름다워지기 위해 성형에 광적으로 집착했던 그녀는 의사의 시술이 성에 차지 않자 급기야 콩기름과 실리콘 등을 스스로 얼굴에 주입했다

고 한다.

 각종 이물질로 인해 선풍기만큼 얼굴이 커졌기 때문에 선풍기아줌마라는 별명이 붙은 그녀의 얼굴은 바로 보기 망설여질 만큼 처참하다. 최근 그녀가 방송에 출연하여 손대기 전의 얼굴 사진을 공개했다. 이럴 수가, 탄식이 나올 정도의 아름다운 용모다.

 웬만큼 미모를 갖춘 여성도 주눅이 들 아름다운 그녀의 사진은 마치 탈을 쓴 듯한 현재의 얼굴과 대비되어 더욱 극적으로 느껴진다.

 반듯한 이목구비의 서구적 미인이 환하게 웃고 있는 사진을 보며 울컥 분노가 치민다. 곁의 사람이 시선만 주어도 충분히 고통스러울 그녀에게 달리 할 말이 있는 것은 아니다. 그러나 왜 그랬느냐고 따지고 싶은 충동을 누르기 힘들다.

 중국에도 거의 비슷한 모습의 선풍기아줌마가 있다. 과도한 성형 욕심으로 용모를 망치고 인생 또한 구겨진 한국의 선풍기아줌마와는 달리, 산시성 티엔차오 마을에 사는 리 훙팡이란 여인은 질병으로 얼굴이 변형되었다. 그녀는 척색종이라는 희귀한 골종양을 앓고 있는데 얼굴에 7개의 골종양이 자라고 있는 중이라고 한다.

우리 돈으로 1억1000만 원에 달하는 60만 위안의 수술비용을 마련할 길이 없어 마흔 살의 젊은 여인은 수술을 포기한 상태다. 한 번에 700위안이나 드는 약값을 충당하기 위해 남편과 두 아들은 모두 객지의 노동판을 전전하고 있다.

"많은 사람이 날 괴물처럼 본다는 것을 알지만 난 단지 평범한 여성이며 어머니"라면서 그녀는 눈물을 흘렸다. 얼굴에 종양이 발생하기 전에는 마을에서 가장 아름다운 얼굴을 가지고 있었다는 그녀의 하소연에 가슴이 먹먹하다.

한때 눈부시게 아름다웠던 두 여인은 지금 똑같이 부어올라 일그러진 용모의 선풍기아줌마로 괴로움을 겪고 있다. 얼굴이 변하면서 인생까지 변하게 되었으니 삶을 엉망진창으로 망가뜨린 변한 용모를 확인할 때마다 깊은 통곡이 터질 것이다. 그러나 원망의 대상은 같을 수 없으리라 본다. 한 사람은 자신의 운명을 탓하며 흐느낄 것이고, 다른 사람은 자신의 욕심을 후회하며 가슴을 뜯을 것 같다.

성형의 순기능에 대해 자신감을 얻어 마음을 병을 고쳤다는 주장을 한다. 정신과에서는 대화와 약으로 마음의 병을 고치지만 성형외과에서는 메스로 단박에 마음의 병을 고친다고 사탕발림한다. 하긴 그런 면도 있을 것이다. 그런데 만족을 모르는 성형중독으로 마음에 병이 든 사람이 점점 많아지고 있는 현실을 어떻게 변명하려는지 궁금하다.

성형이 보편화되면서 아버지가 날 낳으시고 원장님이 날 만드셨다는 조크가 돌게 된지 한참이다. 이왕 거금을 투자했으니 돈 좀 들였구나 싶게 성형한 티가 팍팍나도록 얼굴을 고쳐야 한다는 젊은이들도 느는 추세란다.

병원에서 조금씩 손을 본 얼굴이 성에 안 차 스스로 얼굴에 이물질을 주입했다는 선풍기아줌마는 안드로메다에서 떨어진 사람이 아니다. 무엇인가를 잔뜩 집어넣어 바람 넣은 배구공처럼 보이는 친구의 얼굴 위로 선풍기아줌마의 그림자가 지나간다. 머리카락이 주뼛 선다.

섬집 아기의 슬픔

🌸 섬집아기는 누구나 부를 줄 아는 국민동요다. 6·25 전쟁 당시 부산으로 피난을 내려왔던 한인현 선생은 어느 날 해변을 산책하다 우연히 해변 가의 외딴집을 들여다보게 됐다. 빈집엔 아기 혼자 잠들어 있었다. 굴을 따러 나갔던 아이

어머니가 낯선 사람이 집을 기웃거리는 것을 보고 놀라 달려 왔고, 그 모습을 마음에 새겼던 시인이 노랫말을 지었다고 한다.

엄마가 섬 그늘에 굴 따러 가면/ 아기가 혼자 남아 집을 보다가/ 바다가 불러주는 자장 노래에/ 팔 베고 스르르르 잠이 듭니다// 아기는 잠을 곤히 자고 있지만/ 갈매기 울음소리 맘이 설레어/ 다 못 찬 굴 바구니 머리에 이고/ 엄마는 모랫길을 달려옵니다

그런데 아이를 재울 때 가장 많이 불러주는 노래 중 하나인 이 아름답고 나른한 동요가 지금의 잣대로 재면 아동학대의 일종인 아동방임의 상황이라는 말을 들었다. 웃자고 지어낸 이야기인가 싶어 가사를 짚어보니 괜한 생트집이 아닌 듯싶다. 아기를 혼자 빈집에 두고 굴을 따러 간 아이엄마의 행동을 우리는 짠한 마음으로 동정하며 넘겼지만 사실 심각한 방임임에 틀림없다.

아직까지도 우리나라는 방치된 아동에 대한 개념과 지원의 체계가 미미한 상태다. 신체적, 정신적, 사회적으로 건전한 발달을 필요로 하는 아동에게 보호와 책임을 완수하지 못하는 행위를 방임으로 규정하고 있으나, 아이가 돌보는 이 없이 혼자 집에 있는 것을 학대로 여기는 의식 자체가 거의 없다고 해도 과언이 아니다.

미국은 구체적으로 '13세 미만의 아동이 보호자 없이 1시간 이상 혼자 있는 상태'를 방임 행위로 간주한다. 아동이 혼자 하교하거나 길거리를 다니는 것도 엄격히 금지되어 있다. 심지어 혼자 도서관에 오는 아이도 신고 대상이다. 아이가 혼자 도서관에 오면 사서는 보호기관에 즉시 이를 신고하고, 당국은 신고를 받는 즉시 아동의 부모를 조사하여 권고 조치한다. 이웃 역시 아동방임 상황을 목격하면 반드시 관계기관에 신고해야 할 의무가 있다.

영국은 각 지역의 아동센터가 아동이 방치되는 상황을 막고 지원하는 지역 거점 센터의 역할을 한다. 알코올 중독 등 심신미약으로 제대로 아이를 돌볼 수 없는 부모들을 위한 치료와 상담은 물론 부모 역할 교육과 취업 지원까지 맡고 있다. 퇴근이 늦는 부모를 위해 시설이나 가정에 직접 돌보미가 파견돼 아이를 보호하는 시스템은 기본이다. '과연 이래서 선진국인가 보다.' 고개가 숙여지는 부러운 정책들이다.

이에 비해 우리의 아동방임과 학대의 행태는 비교를 할 수 없을 정도로 최악이다. 최근에도 기저귀조차 채우지 않고 발가벗긴 채 원룸에 종일 갇혀 있던 세 살 아기가 방안에 용변을 봤다는 이유로 엄마의 동거남에게 폭행, 살해됐다.

만취해 집에 들어온 남자는 냄새가 역겹다며 아기를 패대기쳐 살해한 뒤 숨이 끊어진 아이 옆에서 태연히 잠을 잤다. 역시 술에 취한 채 새벽에 귀가한 아기 엄마도 제 잠자리 챙기기에만 바빴다. 짐승도 제 거처에 들면 새끼 먼저 핥아주는 법인데, 친어미조차 몰라라 밀어둔 아이의 시신은 31시간 동안이나 방치됐다.

자식을 굶기지 않으려 일하러 나가면서 할 수 없이 아이를 문고리에 묶어 놓았던 시대가 있었다. 동요 〈섬집 아기〉가 만들어진 6·25 사변 무렵의 슬픈 역사다. 그러나 엄마의 마음은 문고리에 묶여 방바닥을 뜯고 노는 아기에게 온통 기울어 있었다.

그때와는 비교도 할 수 없게 나라의 살림이 좋아졌으나 아동 방임은 개선되기는커녕 전혀 다른 형태로 악랄하게 변질됐다. 아이를 걱정하는 마음에 제대로 일을 마치지 못하고 달려오는 모성마저 사라진 우리 모습이 부끄럽다.

실패한 여왕들

"신라는 여자를 세워 왕위에 있게 했으니, 실로 어지러운 세상에나 있을 일이다. 나라가 망하지 않은 것이 다행이라 하겠다. 新羅扶起女子, 處之王位, 誠亂世之事, 國之不亡幸也." 김부식이 『삼국사기』의 '신라본기 선덕왕善德王조'를 통해 피력한 의견이다. 승하 후 신과 같은 존재로 추앙받은 최고의 여제에게 김부식은 왜 이런 악평을 했던 것일까.

우리나라는 3명의 여왕이 있었다. 선덕, 진덕, 진성여왕이다. 정사는 뒷전이고 미소년들과 환락에 빠져 나라를 말아먹은 최악의 진성여왕을 제외한 두 여왕은 훌륭한 지도자로 알려져 있다.

특히 선덕여왕의 총명함을 강조하는 일화들은 전설이 됐다. 첫 번째가 교과서에도 실렸던 모란꽃 일화다. 선덕여왕이 왕위에 오르자 당나라의 태종이 붉은색, 자주색, 흰색 모란꽃 그림과 꽃씨를 선물로 보냈다. 그림을 본 여왕은 "이 꽃은 틀림없이 향기가 없을 것이다."라고 단언한다.

궁전 뜰에 씨앗을 심어 꽃이 활짝 피었는데 여왕의 말대로 향기가 전혀 나지 않았다. 신하들이 궁금해 하자 여왕이 대답했다. "꽃 그림에 나비가 없으니 향기가 없다는 뜻 아니겠는가. 이는 나에게 남편이 없음을 놀리고 있음이다."

두 번째는 두꺼비 일화다. 영묘사의 옥문지玉門池에서 겨울철

인데도 많은 두꺼비가 모여 사나흘 동안 울어댔다. 이를 불길하게 여겨 왕에게 아뢰니 급히 병사 2천 명을 뽑아 서쪽 교외의 여근곡女根谷을 탐색하라 시켰다.

왕의 말대로 여근곡을 수색했더니 백제 장군 우소(于召)가 독산성을 습격하기 위해 병사 500명을 데리고 매복해 있었다. 백제군을 토벌한 뒤 신하들이 신기해하며 묻는 말에 여왕이 이치를 설명했다.

"두꺼비는 성난 눈을 가지고 있으니 적군의 모습이다. 그런데 옥문玉門은 여자의 생식기가 아니냐. 옥문지가 여성인 음陰을 상징하므로 음의 색인 흰색을 생각했고, 흰색은 방위로 서쪽인지라 군사가 서쪽에 있다는 것을 알았다."

이어진 말이 걸작이다. "남자의 생식기가 여자의 생식기에 들어가면 반드시 죽게 되니, 이러한 이치로 적군을 쉽게 잡을 것이라 짐작했다."

이러한 설화가 실제 사건이었는지는 확인할 수 없다. 그러나 확실한 점은 이러한 설화들로 인하여 선덕여왕의 혜안이 백성들에게 크게 부각되었다는 사실이다. 모란꽃 설화로는 외교와 문화에 대한 식견을, 여근곡 설화를 통해서는 군사적인 재능을 선전했다.

총명하며 선정을 펼친 성공한 왕으로 알려져 있지만 선덕여왕은 불행한 여왕이었다. 성골의 전통에 따라 즉위했으나 여자이기에 국내외에서 무시당했다. 신라의 측근들은 숨통을 조였고 백제는 호시탐탐 공세를 엿보았다. 당나라 황제는 아예 사신을 통해 막말을 전했다.

"신라는 여인을 임금으로 삼아 이웃 나라가 만만히 보고 있다. 이는 주인을 잃고 도적을 받아들이는 격이므로 해마다 편안한 적이 없었다. 내 이를 안타깝게 여겨 친족 한 사람을 신라에 보낼 테니 임금으로 삼으면 어떻겠는가."

노골적으로 여왕 폐위를 거론한 것이다. 당태종의 발언으로 여왕의 권위가 크게 실추되자 신라의 최고 관직에 있던 상대등

'비담'이 "여자가 나라를 다스리는 일을 더 이상 두고 볼 수 없다."며 반란을 일으킨다. 선덕여왕은 김춘추와 김유신이 '비담의 난'을 평정하던 중 사망했다.

헌정 사상 최초 여성 대통령의 영광을 안았다가 파면의 불명예를 당한 박근혜 전 대통령을 신라의 여왕들과 비교하기도 한다. 행복했던 여왕은 없었다. 가장 좋은 이미지의 선덕여왕도 정치적으로 소외되었고, 군사적 위협에 시달렸으며, 강대국에게 무시당했다. 막판에는 내란까지 겪어야 했다.

외롭고 고단하며 두려운 자리, 왕관의 무게를 견딜 만한 여제가 다시 등장할 수 있으려나.

아직은 건망증

🌸 친지에게 안부 전화를 했다. 그런데 전화를 받는 목소리가 영 불편하다. 무슨 일이 있느냐 물었더니 급한 일로 휴대전화 받을 일이 있는데 휴대전화가 아무리 찾아도 보이지 않는다는 대답이다. 어디다 두었는지 전혀 생각이 나지 않는다

며 귀신이 곡을 하겠다는 자책이 거의 우는 소리다,

휴대전화 번호로 전화를 걸었는데 무슨 소리냐고 물었더니 돌아오는 대답이 '옴마야'였다. 사위를 보게 된 나이에 엄마를 외치다니 엄청나게 무안했나 보다.

다른 동네에서 일어난 웃지 못할 일화도 있다. 딸의 결혼식 날, 한 부인이 마음먹고 유명 미용실을 찾았는데, 미용사가 부인의 머리를 보더니 웨이브가 많이 풀렸다며 파마를 하라고 권하더란다. 미용사의 권유대로 아무런 생각 없이 파마를 시작한 이 아주머니는 딸의 결혼식에 참석을 못하고 말았다. 파마를 하는 데 3시간 이상이 소요됐기 때문이다.

이러한 증상들을 건망증이라고 부른다. 건망증은 잠시 기억을 놓아버리는 일시적 검색능력 장애다. 그런데 이러한 사건들이 일시적 건망증이 아닌 치매의 초기증상이라면 이야기가 달라진다. 웃는 상황에서 울어야 하는 상황으로 급변하게 되는 것이다.

건망증이 곧 치매로 발전하는 것은 아니라는 전문가의 말에 위안을 삼다가도 건망증이라 생각하는 단순한 언어장애나 장소나 사건을 혼동하는 가벼운 판단력 장애가 초기 치매 증상에도 나타난다는 진단에는 가슴이 덜컥 내려앉게 마련이다.

기억력이 급격히 떨어지기 시작하는 중년의 친구들이 모인 자리에서 건망증과 치매의 차이점 이야기가 나왔다. 물론 웃자고 하는 실없는 농지거리다.

술 먹고 우리 집 주소를 잊어버리면 건망증이고 우리 집이 어딘지 잊어버리면 치매다. 우여곡절 끝에 찾아 들어온 집 안의 마누라가 술 취한 눈으로 바라 볼때만 예뻐 보이면 건망증이지만 술이 깬 벌건 대낮에도 예뻐 보인다면 중증 치매다. 결론은 심해졌다 싶으면 걱정이 되는 것이 건망증이고 심해질수록 아무런 걱정이 없다면 치매라고 했다.

그런데 가끔은 거울 속의 자신이 썩 괜찮아 보이는 것은 무슨 증상일까.

야동이 뭐길래

연말 망년회 자리, 제일 먼저 나오는 얘기가 A양 동영상 건이다. 이런 유의 화제는 술이 한 순배쯤 돌아 분위기가 잡힐 만하면 등장하는 게 순서지만, 초고속 통신망에 길들여서인지 메뉴판이 나오기도 전에 그것도 정보라고 혼을 빼는 친구가 꼭 있다.

"동영상 봤냐?"

'봤다, 아직 못 봤다, 그런 게 있었냐. 별로 보고 싶지 않다' 등등의 반응이 있겠지만, 말을 꺼낸 인간은 대답이 나오기 전에 스마트폰을 다짜고짜 열어 보인다. 그 다음 상황은 상상대로다.

대한민국을 어지럽히고 있는 A양 동영상 사건은 미스터리 범벅이다. 사건의 주인공이라는 유명 방송인 때문에 여론이 술렁이고 있지만 전 국민의 관심사에 대부분의 언론이 입을 닫고 잠잠한 것이 우선 이상하다. 살갑게 지내던 친한 방송인을 지켜주려는 의리라고 봐야 하나. 어쩌면 아는 땅에 미사일을 떨어뜨릴 수 없는 측은지심일 수도 있겠다.

여러 가지 정황으로 보아, 정리해고 당한 전 애인이 복수심으로 올린 것이란 판단이 확실함에도 불구하고 음모론이란 단어가 주는 짜릿한 자극을 밀어내기 힘들다. 기발하고 깜찍한 추측 또한 야동 보는 재미 못지않다.

어떤 사람이 A양을 『삼국지』의 '초선'이와 같다고 했다. 그토록 아리따운 여인이 불쌍하게 이용만 당했다는 비유일 게다. 아름다운 그녀의 미모에 달도 구름 사이로 숨어 버렸다 하여 폐월閉月이라는 별칭이 있는 초선은 중국 4대 미녀 중의 하나다.

궁중에서 벌어진 연회에서 춤을 추는 그녀의 모습을 보고 동탁이 한눈에 반해 정실로 삼았는데, 경극이나 잡극에서는 자그마치 3번이나 자결한 여인으로 다루어졌다. 첫 번째는 동탁이 여포에게 주살 당하자 자결한다. 두 번째는 조조가 자신을 차지하기 위해서 여포를 죽였다는 사실을 알고 자결한다. 세 번째는 관우와의 이루어질 수 없는 사랑으로 인해 자결한다.

그중에서 가장 극적인 설정이 관우와의 관계다. 초선이 아깝긴 했지만 초선의 아름다움에 빠져 대의를 그르칠까봐 관우가 초선을 죽였다고도 하고, 관우의 짐이 되기 싫어 초선이 스스로 목숨을 끊었다고도 한다. 아무튼 너무나 아름다운 미모 때문에 정쟁에 이용되다 스러진 비운의 여인이 초선이다.

비슷한 주장으로 A양을 한나라당의 논개라 칭하는 글이 있었다. 그러나 이건 좀 심하다 싶은 억지다. 야동 속 주인공을 어찌 감히 논개에 비유한단 말인가. 희생도 격이 있음을 알아야 한다.

그런데 A양의 동영상을 미끼로 특수를 누리는 인간들이 있나 보다. A양 실명을 붙인 동영상을 거금 오천 원에 다운받아 급히 클릭했더니 '청도 소싸움' 동영상이더란다. 피 같은 돈을 날렸으나 사기라고 항의할 수도 없었다. 출전한 소 이름이 그녀의 이름과 같았기 때문이다.

"헐~."

어른이 없다

❋ 청주시내에서 청주역을 거쳐 옥산까지 운행하는 611번 버스 안, 엊그제 일어난 일이다. 이십대 초반으로 보이는 두 처자가 꽃다리 쯤에서 버스에 올랐다. 뒷좌석에 자리를 잡은 이들은 주위를 의식하지 않고 큰 소리로 대화를 나누기 시작했다.

지나치게 시원한 목소리 탓에, 일부러 들으려 하지 않아도 민망한 대화 내용들이 낱낱이 들어왔다. 감탄과 교성을 섞어 어제 만난 찌질남에 대해 나름대로의 분석과 성토를 하던 그들은 이번엔 더 호탕한 소리로 통화를 시작했다. 통화에 취한 말투의 대부분이 욕설이었다. 조폭 영화에 길이 들어 웬만한 욕에는 이미 적응이 되어 있는 귀가 움찔 오그라들 수준의 막말이 거침없이 터졌다.

한가한 낮 시간대라 버스 안은 장년층 정도의 어른들이 대부분이었지만 아무도 그들에게 주위를 주는 사람이 없었다. '너무 하는 게 아닌가.' 하는 생각이 들었지만 그녀들의 행동을 말렸을 경우 백배 천배로 돌아올 후환을 감당할 자신이 없었다. 비겁한 어른들은 안 들리는 척, 안 보이는 척, 묵묵히 창밖만을 응시하는 수밖에 없었다.

그때 낮고 굵은 남자의 목소리가 터졌다. "주둥이 닥쳐 이년들아."

버스 안의 시선이 모두 목소리의 주인공에게 향했다. 안하무인인 처자들보다 두어 살 더 먹어 보이는 평범한 청년이었다. 난데없는 욕설에 잠시 말을 멈추었던 여자들은 상대가 별 위협이 느껴지지 않는 제 또래의 왜소한 청년임을 확인하자 손톱을 세우고 달려들었다.

"웃기고 자빠졌네. 이거 미친 거 아냐."

여자들이 비웃음을 날리는 순간 청년이 자리에서 일어났다. 그는 여자들의 좌석에 성큼 다가가 한 발을 좌석에 올려놓더니 다부지게 쥔 주먹을 들고 당장이라도 내려칠 자세를 취했다.

"그래, 미쳤다. 어떤 년부터 맞아 볼래?"

남자의 기세가 심상치 않게 느껴졌던지 여자들은 바로 꼬리를 내렸다.

"아저씨, 잘못했어요. 가세요."

겁먹은 여자들의 사과를 들은 청년은 자신의 자리로 돌아가 앉으며 마무리 멘트를 날렸다.

"어디서 함부로 떠들어."

더 이상의 불상사 없이 사태가 잠잠해지자 버스 안에 조용한 미소가 번졌다. 하나같이 속이 시원하다는 표정들이었다.

어른이 없다고들 한탄한다. 어린것들의 응석을 한없이 받아주며 호주머니나 여는 것이 어른의 역할처럼 돼 버렸다. 금지옥엽 떠받들어 키워진 아이들에겐 어른이 제 뒤치다꺼리나 책임지는 호구요, 물주 정도다.

이런 세태를 무시하고 눈에 거슬리는 젊은이들의 행동을 지적하다가는 수구 꼴통이라는 욕과 봉변으로 만신창이가 될 각오를 해야 한다. 소위 지도자입네 나선 젊은것들의 입은 한층 더 더럽다. '오버하고 xx하는 노친네들을 다스리자면 공공시설의 에스컬레이트, 엘리베이터 다 없애면 된다."는 주장을 웃으며 지껄이는 상황이다.

작가라는 이름보다 소셜테이네로 자리 잡은 한 인기 소설가는 이런 작금의 상황에 "19금이라고 생각합니다"라는 짧은 코멘트

만을 남겼었다. 세상의 온갖 문리에 통달한 듯 쓴소리를 아끼지 않던 그의 소심한 반응은 배신감으로 느껴졌다. 그러나 그도 별 수 없는 기성세대다. 거칠 것 없는 어린것들의 힘과 욕설을 감당할 자신이 없는 나약한 어른의 움츠린 몸짓이 서글플 따름이다.

지난, 버스에서 일어났던 작은 소동을 다시 생각한다. 비굴하게 고개를 움츠리고 있던 승객들 속에서 분연이 일어나 잘못을 바로잡은 청년의 행동은 어떤 어른보다 어른스러웠다. 청년에게 잘했다는 말 한마디하고 내릴걸 하는 부끄러움이 인다.

버스 지나간 뒤의 늦은 후회다.

어느 어머니의 삼천배

❋ 가장 볼썽사나운 갈등이 가족 간의 다툼이다. 그래서 방송에까지 출연해 제 살붙이에게 생채기를 내려 안달하는 여가수 집안을 보는 마음이 내내 언짢았다.

가족들끼리 편을 갈라 소위 폭로라며 떠벌린 집안싸움이 참으로 구차하다. 실질적인 가장이었던 가수 딸은 자신의 수입을 탕진하다 못해 빚까지 지게 만들었다며 어머니와 동생을 온 국민 앞에서 비난했다. 딸의 답답한 심정이 이해는 된다. 그러나 가족을 거둔 것은 제가 좋아서 베푼 일이 아닌가.

가족으로 인해 일생 동안 일군 재산을 잃고 거리에 나앉은 사람을 숱하게 봤지만 이번처럼 대국민 호소를 한 사람은 없었던 것 같다. 더구나 그녀는 칼같이 의절을 했다. 보통사람은 흉내조차 쉽지 않은 서늘한 결단이다.

딸의 재산을 부실하게 관리했다는 어머니는 생방송에 출연, 딸의 비난에 맞불을 놓는 어른답지 못한 태도로 거센 비난을 받았다. 친딸을 살해했다 해도 그토록 많은 화살을 맞지 않았을 것인데 국민가수 딸을 둔 유명세를 호되게 치러야 했다.

그런데 논란의 중심에 선 어머니가 딸의 행복을 기원하는 삼천배를 올렸다고 한다. 딸의 결혼식에 초대받지 못한 쓸쓸한 심정을 딸과 함께 다녔던 절을 찾아 삼천배를 올리며 달랬으리라 여겨진다.

어머니는 자신이 할 수 있는 일이 딸의 행복을 비는 것뿐이라고 했다. 예식장에 들어가 볼까 생각했는데 그건 아닌 것 같다며 '목소리 듣고 싶어서 전화했다.'는 말이라도 해줬으면 좋겠다는 어머니의 아린 속내가 짠하다.

절拜은 자신을 가장 낮게 숙여 오만과 욕망 그리고 분노 등을 정화하는 행동이다. 그래서 절의 의미를 하심下心에 둔다. 교만하고 원망하는 마음을 순하고 겸손하게 바꾸어 주는 참회의 절은, 법당에서 행한다 해도 부처님께 올리는 것이 아닌 자기 자신에게 바치는 의식이다.

중에서도 천배를 넘는 절은 거의 중노동이다. 보통 108배를 드리는데 15-20분, 천배를 올릴 경우엔 두세 시간 이상, 삼천배는 여덟 시간 이상이 소요된다고 한다. 천배나 삼천배는 계율을 안 지킨 스님들에게 벌을 주기 위해 시작했다고도 하는데 삼천배를 경험하고 나면 실없이 지어낸 말이 아니라는 걸 믿게 된다고 한다.

그렇게 힘든 삼천배를 통해 마음에서 일어나는 망념을 끊고 부처도 없고 절하는 사람도 사라지는 경지에 이르면, 오직 절하는 동작만이 있을 뿐인 무념무상의 상태를 경험하게 된다.

처음에는 마음이 산만하다가 시간이 지날수록 마음이 고요해지고 드디어 2500배가 넘으면 마음속에 쌓였던 감정이 솟아올라 눈물이 터져 나왔다는 경험담을 들었다. 그러한 감정들이 삼천배를 채울 무렵엔 고요하게 정리된다고 한다.

딸의 결혼식에 참석 못하는 대신 삼천배를 올렸다는 어머니는 "그러나 진실은 꼭 밝힐 것"이라는 말을 남겼다. 도움이 되지 않는 말로 인해 9시간이 넘는 삼천배의 공이 빛을 잃을까 안타까운 마음이다. 삼천배로도 씻어내지 못한 마음의 앙금이 답답하다.

정치인 같은 연예인, 연예인 같은 정치인

❋ 웃으며 죽은 시체가 가끔 검시실에 들어온다고 한다. 로또에 맞아 좋아 날뛰다 죽은 사람의 사체인가 싶지만 벼락 맞아 죽은 사람이 정답이다. 벼락이 치는 것을 카메라 플래시가 터지는 줄 알고 활짝 웃다가 죽게 됐다는데, 대체 무슨 일

을 하던 사람인가 조사해 봤더니 정치인과 연예인, 두 부류였다.

하는 짓이 빵틀에 찍은 붕어빵같이 닮은 두 직업인의 공통점을 따져보자.

우선 활동 분야는 다르지만 둘 다 이미지와 인기로 먹고 사는 사람들이라는 점이 닮았다. 습관처럼 거짓말을 날리며 웃기는 재주가 많다. 혈연과는 관계없는 사람들끼리 뭉쳐 가족을 이루고 지낸다. 자신들이 전능한 신(GOD)인 줄 아는데, 신기하게도 하늘과 모종의 커넥션이 있는지 죄를 지어도 여간해선 벌을 받지 않는다. 벌을 받더라도 가볍게 받고 쉽게 풀려난다.

보통사람 때문에 먹고 산다. 쉽게 왕창 번 돈으로 어려운 사람들 돕는다며 이벤트를 종종 벌인다. 동료의 행사장을 서로 찾아가 부지런히 품앗이를 한다. 협찬이라면 사족을 못 쓰는 협찬인생이 많다. 대를 이어서 해먹으려 한다. 은퇴선언을 했다가 컴백할 때는 반드시 팬과 국민 핑계를 댄다. 사생활 등으로 물의를 일으킨 동료에게는 유난히 뜨거운 동료애를 발휘한다. 보통사람들이 욕하면서도 부러워하는 직업이다. 근무지가 여의도다.

　이외에도 한 스무 가지쯤 닮은 점을 꼽을 수 있겠지만 숨이 가빠 이 정도에서 마무리해야겠다. 그러고 보니 요즘에는 하는 업무도 비슷해진 것 같다. 스포츠 신문을 장식하던 연예인들이 소셜테이너라는 이름으로 일반 신문에 등장하고 있고, 정치면에서 표정관리를 하던 정치인들은 연예계과 이런저런 일들로 엮여 스포츠 신문에 이름이 오르고 있으니 말이다.

　본업인 연예활동보다 정치참여에 더 열을 올리는 연예인들을 일컫는 폴리테이너는 정치인과 엔터테이너를 합한 조어다. 제 소신내로 징딩이나 정치인을 지지한다고 변명하지만 정치적인 발언과 집회에 참여하며 정치판을 기웃거리다가 기회가 왔다 싶으면 발 빠르게 정치계에 들어서려는 것이 그들의 일반적 행보다. 그러나 그들의 얇은 꾀를 눈치 채지 못할 만큼 정치인들은 바보가 아니다.

　정치인보다 더 정치적인 연예인들에 밀리지 않기 위해 연기인

보다 더 쇼를 잘하는 정치인들이 등장한 것은 시장논리로 보면 지극히 정상적인 흐름이다. 방심하고 있다가는 제 밥그릇을 모두 **빼앗기게** 생겼으니 무슨 짓인들 못하겠는가.

유권자들을 웃기고 울리는 연기력을 갖추기 위해 앞으로 정치에 입문하려면 연기학원 등록이 필수가 될 듯하다. 중견 정치인이라도 방심할 일이 아니다. 연기력에 녹이 슬어 있다면 독과외를 해서라도 재정비를 해야 할 것이다.

최근 한 개그맨 출신 강사가 라디오 프로그램에 출연해 "개그맨 해서 먹고 살기 힘들다."고 푸념하는 소릴 들었다. 개그맨들보다 더 웃기는 분들이 있어서란다.

정치인들은 '연예인들이 정치판을 넘봐 위기를 느낀다.' 불평을 하고 개그맨들은 '정치인들이 자기네보다 더 웃겨 자리가 위태롭다.' 한숨을 쉰다. 닮은 사람들이라 그런지 상대를 탓하는 불평조차 비슷하다.

준비된 죽음을 맞은 레너드 코헨

시인이자 가수인 레너드 코헨(Leonard Cohen)이 82세의 일기로 사망했다. 갑작스런 비보에 맑은 가을이 우울하다.

캐나다 몬트리올 출신인 레너드 코헨은 전설적인 시인이자 싱

어송 라이터로 세계가 존경한 예술가다. 2000곡 이상을 작곡했을 만큼 왕성한 작품활동을 한 그는 국내광고의 배경음악으로 쓰여 관심을 받은 「아임 유어 맨(I'm your man)」으로 우리나라에서도 인기가 높았다.

철학적 가사를 흉내 내기 힘든 저음으로 대화하듯 노래한 코헨은 그에게 열광하는 팬층을 두텁게 확보하고 있었으나 빌보드 등 음악차트에 오른 적이 없었다. 음악차트의 인기 순위와는 전혀 관계없이 인기 높은 독특한 가수였던 셈이다.

웅얼웅얼 가라앉은 힘없이 단조로운 음색과 빈약한 멜로디에도 불구하고 그의 노래가 대중의 가슴에 파고든 이유는 은유적이며 사색적인 밀도 높은 가사 때문이었다. 해서 그의 음악을 Poetic Rock(시적인 록음악)이라 분류한다.

그는 상업적 인기에 목을 매는 여느 대중가수들과 비교 불가한 예술인이었다. 캐나다에서는 음유시인이 아닌 노래를 통한 사상가로 코헨을 존경했다. 명문 맥길 대학과 컬럼비아 대학에서 영문학을 전공했고, 가수의 길로 들어서기 전 시와 소설을 발표해 문인으로 이름을 떨친 이력 또한 예사롭지 않다.

코헨의 작품 중 소설『에로티카』와『나는 너의 남자』그리고 시집『수잔과 함께 강가에 앉아』는 국내에서도 번역, 소개된 바 있다.

팔순의 나이가 무색하게 녹슬지 않은 삶을 살았던 코헨은 지난 10월에도 새 앨범을 발표했다. 놀라운 예술혼이다. 그보다 더 놀라운 점은 삶에 대한 그의 자세였다. 미국의 유명 매거진 뉴요커가 최근 인터뷰를 통해 죽음에 대한 질문을 던지자, 노대가는 아무렇지도 않게 선선히 "죽을 준비가 돼 있다"고 대답했다.

"아직 할 일은 많지만 연연하지 않는다."라는 그의 담담함에서 범접하기 힘든 내공이 느껴진다. 인간의 삶이 유한하고 일회성이라는 점을 모르지는 않지만 막상 죽음을 아무렇지도 않게 받아들이기는 쉽지 않다.

당하는 죽음이 아니라 맞이하는 죽음, 죽음의 주인이 되어 죽음을 넘어가는 죽음, 존엄하고 평화로운 죽음을 맞이하기 위해 비우는 연습을 해야 한다지만 나이가 들수록 아까운 것과 하고 싶은 일이 더 많아지는 것 같다. 그래서 죽음 앞에 초연해지기는커녕 죽음에 맞서 화를 내며 누추해지는 것이 보통사람의 모습이 아닌가.

이미 죽을 준비가 되어 있다는 그의 인터뷰 기사를 보며 '이제 그도 삶을 정리할 나이가 된 노인이구나.' 생각했었지만, 빛나는 현역이었던 레너드 코헨의 죽음이 믿기지 않는다. 그의 노래 「낸시(Nancy)」의 가사처럼 그는 죽음으로써 더욱 자유로워졌을까.

코헨의 히트곡 「낸시」의 모티브가 된 어느 미혼모의 이야기는 외롭고 어둡다. 미혼모가 된 딸을 완고한 부모는 용서하지 않았고, 심지어 딸의 아이를 다른 곳에 입양해 버린다. 1960년대 초반은 미혼모로 살기가 녹록지 않은 시대였을 것이다. 그 후 그녀는 우울증을 겪다 부모의 집 욕실에서 남동생의 권총으로 자살을 한다.

세상을 버린 가여운 그녀를 위해 레너드 코헨이 만든 노래가 「낸시(Seems so long ago, nancy)」다. 그를 기리며 마음을 담아 낸시의 마지막 소절을 불러본다. "she's happy that you've come"
 -레널드 코헨, 당신이 세상에 와주어 행복했습니다.

4부

퀴어도 문화가 되는 사회

동성애자Gay들은 호모Homo로 불리는 것을 질색한다고 들었다. 호모라는 단어가 19세기 후반 정신분석학자들이 동성애자를 '호모섹슈얼리티', 즉 성적 흥분과 만족을 얻기 위해 같은 성을 가진 사람을 선택하는 성도착행위로 설명한 것에서 유래했기 때문이란다.

일반적인 이성애자들은 동성애를 큰 병으로 인식하고 있다. 그래서 이성이 아닌 동성에게 성욕을 느끼는 게이들을 '바바리맨' 같은 비정상 성욕자보다 한층 더 심각한 변태로 질시하기도 한다.

동성애자들이 드러내 놓고 사용하는 퀴어(Queer) 역시 일반적으로 경멸이 깔린 단어다. 그런데 이상한, 색다른, 기묘한, 괴상하단 뜻의 형용사 퀴어가 슬그머니 이상성애자를 포괄하는 단어로 굳어졌다. 그야말로 퀴어스런 변화다.

퀴어는 성소수자인 동성애자에 대한 개념으로 사용되다가 동성애자 인권 운동이 시작되며 성 소수자 전반을 지칭하는 단어로 자리 잡게 됐다. 동성애자들은 자신들을 퀴어로 당당히 내세우고 있지만 어쩐지 자신들이 남과 다른 기묘한 존재라는 자조적 외침으로 느껴진다.

퀴어문화축제(KQCF, Korea Queer Culture Festival)란 이름의 성

소수자 축제가 우리나라에서도 열리고 있다. 2000년에 처음 개최되었으니 2016년 올해로 벌써 17번째다.

첫해에는 몇 십 명 정도가 눈치를 보며 퍼레이드에 참가하는 수준이었으나 지난 주말 서울시청 앞 광장에서 열린 올 동성애 문화축제는 수만 명이 참여하여 북새통을 연출했다. 이런 상황을 비약적인 발전이라며 흥분하는 희한한 분위기까지 일고 있다. 동성애자의 기묘한 축제를 구경하기 위해 나온 인파도 있었겠지만 동성애자를 인정하고 지지하는 사람들의 물결에 신기함을 넘어 놀라움이 느껴진다.

퀴어들의 주장도 당당해졌다. 성소수자들에 대한혐오가 판을 치고 있는 한국 사회를 향해 "그래, 우리 변태다. 어쩔 테냐?(We are here, we are queer, get used to it)." 라고 역으로 따져 묻는 도발적인 전략이 필요하다는 주장인데, 더 이상 남의 눈치를 보지 않겠다는 선언으로 이해된다.

퀴어문화축제 2016의 공식 슬로건은 "퀴어 아이 엠(Queer I AM:

우리 존재 파이팅)"이다. 성소수자에 대한 혐오와 폭력에 굽히지 않고 싸우겠다는 의미라고 한다.

자신들이 내세운 구호대로 퀴어들은 동성애를 비난하는 기독교 단체 등 시민단체에 위축되기는커녕 조롱을 하는 여유를 보이고 있다. 특히 작년 퀴어 페스티벌을 반대하는 기독교협회의 공연 배경음악이 차이코프스키의 「호두까기 인형」이었음을 지적했다. 대표적인 게이인 차이코프스키의 음악을 동성애 혐오 공연에 사용한 것이 포복절도한 개그였다며 비아냥거리고 있는 것이다.

슈베르트, 헨델 등 동성애자로 의심되는 음악가가 다수 있지만 차이코프스키는 가장 대표적인 게이 음악가로 알려져 있다. 사회적으로 매장될까 두려워 자신을 연모한 여제자 안토니나 밀류코바와 위장결혼을 했지만 아내의 성관계 요구는 죽음과도 같은 스트레스였다. 아내를 두고도 남성들과 교제를 멈추지 않았던 그는 페르머 공작의 조카와 사귀다 동성애 혐의로 고소당했고 명예를 위해 동문들이 구해 준 비소를 마시고 자살했다고 한다.

공교롭게도 게이의 음악을 게이축제 반대 공연에 이용한 것이 개그라는 퀴어들의 주장이 사실 더 개그스럽다. 차이코프스키의 명곡을 게이의 음악인 양 우기는 것도 당치 않지만, 게이임을 들키지 않으려 차라리 명예자살을 택한 차이코프스키를 노골적으로 내세우는 행동은 더욱 예의가 아니다.

그에겐 너무 높은 조강지처의 벽

유명 영화감독이 여배우와의 부적절한 관계를 공식인정했다. '서로 사랑하는 사이'란다. 법적인 배우자가 시퍼렇게 자리를 지키고 있는 상황에서 대중의 비난에 대해 "내가 동의할 수 없어도 나에게 피해를 주는 것이 아니거나 법에 저촉되지 않는다면 그 사람의 의견을 존중해야 한다고 생각한다"는 남자의 발언이 참으로 그답다.

그가 연출한 영화처럼 애매모호한 말을 일반인 식으로 쉽게 풀어 본다. "나와 그녀의 관계가 마땅치 않다고 비난하는 너희에게 우리가 피해를 준 게 있느냐? 간통죄도 폐지된 마당에 법을 어긴 것도 아니다. 우리의 사랑에 대해 이쯤해서 닥쳐라." 아, 존중이라는 말을 놓칠 뻔했다. 자신들의 사랑을 한껏 높여 중하게 여기라는 말씀이겠다.

그는 일생을 거침없이 살아온 사람이다. 유복한 지식인 부모를 만나 해외여행도 어려웠던 시기에 10여 년을 미국에서 유학했다. 처복도 있어 현숙한 아내와 결혼했다. 아내가 미 영주권자였기에 자유로운 영혼인 그에겐 호환마마보다도 끔찍했을 군복무도 피할 수 있었다.

그의 아내는 툭하면 불거지는 남편의 숱한 스캔들을 참으며 가정을 지켰다. 게다가 치매 걸린 시어머니를 4년이나 모신 효

부다. 그런데 병중의 어머니가 세상을 뜨자 그는 문자 한 통을 남기고 집을 나갔다고 한다.

"이제 다른 사람과 살고 싶어. XX도 나가서 남자들 좀 만나 봐." 디스패치 인터뷰로 밝힌 내용이 사실이라면 남자는 부인을 인격 살해한 죄인이다. 나는 나가지만 너는 죽은 듯 있으란 억지보다 '너도 다른 사람 만나라.'가 더 야비한 수모임을 그는 모르고 있었을까.

힘든 시절을 함께 보낸 아내를 조강지처糟糠之妻라 한다. 술을 빚고 난 찌꺼기인 술지게미糟와 쌀을 찧고 얻은 고운 속껍질糠로 끼니를 때우며 고생한 아내라는 의미다. 어려웠을 때 고생을 함께한 아내를 소중히 여겨 절대로 버리지 말라는 조강지처불하당 糟糠之妻 不下堂은 성공한 가장이 지켜야 할 불문율이었다.

후한後漢을 세운 광무제光武帝에게 홀로 된 손위누이 호양공주가 있었다. 광무제는 개가시키려는 누이가 감찰을 맡아보던 대사공 송홍에게 연정을 품고 있음을 알게 됐다. 송홍은 늠름한 풍채를 갖춘 강직하며 온후한 성품의 헌헌장부였다. 왕이 공무를 핑계로 자리를 만들어 송홍을 부른 뒤 공주를 병풍 뒤에 앉히고 이야기를 꺼냈다.

"속언에 사람의 지위가 높아지면 사귀는 친구를 바꾸고, 부자가 되면 아내를 새로 얻는다는 말이 있는데 이것이 인지상정이라고 생각하지 않느냐?"

송홍이 망설이지 않고 대답했다. "신은 가난할 때 사귄 친구를 잊어서는 안 되고, 어려울 때 함께 고생하여 집안을 일으킨 아내는 절대로 내쳐서는 안 된다고 들었습니다臣聞 貧賤之知不可忘 糟糠之妻不下堂." 범엽이 쓴 『후한서』 '송홍전'에 실린 내용이다. 물론 광무제와 호양공주는 마음을 접을 수밖에 없었다.

그러나 아무리 조강지처라 해도 내쫓을 수 있는 일곱 가지 허물이 있긴 했다. 시부모에게 순종하지 않거나 아들을 낳지 못한 아내, 행실이 바르지 않거나 투기를 하는 아내는 내칠 조건이 됐다. 여기에 나쁜 질병이 있고 말이 많으며 손버릇이 나쁜 행동을 보태 칠거지악七去之惡이라 했다.

이러한 칠거지악을 범하였어도 내치지 못하는 특별한 경우를 두었다. 말하자면 조강지처에 대한 2중의 보호망인 셈이다. 이를 삼불거三不去라 했는데 규정이 상당히 인간적이다. 의지할 곳이 없거나 부모의 삼년상을 치른 아내, 가난했다가 부귀해진 집안은 아내를 버려선 안 된다고 했다. 사고무친한 이를 막다른 궁지에 몰지 않아야 하며, 부모를 섬긴 은혜는 잊지 말아야 하고, 아내의 덕을 고마워하는 것이 도리라 여겼기 때문이었다.

여성의 경제, 사회적 지위가 남성과 동등해진 지금의 눈으로 보면 여성을 보호하기 위해 만든 삼불거는 신기한 고전일 따름이다. 하지만 분명 시사하는 바가 크다. 자신의 자리를 지키고자 하는 조강지처를 둔 가정엔 특히.

양놈 궁둥이를 꼭 닮은 그녀

지하철 막말녀의 종결자로 '9호선 막말녀'가 등장했다. 인터넷에 퍼진 1분 57초 분량의 동영상에는 선글라스를 낀 한 젊은 여성이 지하철 노약자석에 앉아 주위의 노인들과 말다툼을 하는 모습이 담겨 있다.

그런데 여자의 말본새가 이만저만 더러운 게 아니다. 누구도 감히 대적할 수도 없을 만큼 거침없는 막말녀의 욕설은 가히 고수의 경지다. 그처럼 막돼먹은 행동거지를 어디서 배웠나 하는 천박한 호기심이 일 정도다. 평범한 학교교육으론 어림없는 실력이니 아마 유명 학원에서 돈 주고 배우지 않았나 싶다.

혹은, 고압적인 욕설을 집중적으로 트레이닝하는 은밀한 기관에서 수련을 받았을 수도 있겠다. 수세에 몰리자 지 애비가 검사라고 악을 쓰는 꼴이 이런 상상까지 가능케 한다.

제 입으론 임산부라고 큰소리를 치는데, 어떤 이유로든 전체적으로 지방이 과하게 붙은 이 여자는 노인이 '손녀 좀 앉히게 가방 좀 치워달라'고 하자 'fucking asshole'이라 지껄였다.

입에 올리기조차 더러운 욕설이다. 미국인들이 자주 쓰는 욕설은 상황에 따라 세 종류가 나뉜다. 제일 흔한 것이 자책을 하며 내뱉는 저 혼자 웅얼대는 욕이다. Shit, god, damn 따위로 자신의 실수나 멍청함을 한탄하는 소리인데 '이런, 바보' 정도로 이해하면 되겠다.

다음이 수식형 욕설이다. 우리나라 청소년들이 입에 달고 다니는 '존나' 비슷한 욕으로 fucking 등을 가져다 붙인다. You're genius!를 You're fucking genius!로 바꾸면 '너 존나 머리 좋네'가 된다. 별 악의는 없다.

마지막이 상대의 부아를 지르는 본격적인 욕이다. 마음먹고 빈정대는 모욕형 욕설로 주로 성기나 치부를 들먹인다. 제일 모욕적인 부위 중 하나가 지하철 막말녀가 가져다 쓴 asshole이다. you asshole, kick your ass등은 '빙~신, 머저리' 정도지만 'fucking asshole'로 들이댄다면 성질 더러운 인간에게 총을 맞을지도 모른다.

조심스런 표현으로 anus인 항문은 욕설이 되는 순간 asshole이 된다. 즉 'X구멍'이다. 그냥 asshole이라 해도 머리에 쥐가 나는 욕이지만 수식어가 붙으면 양아치나 매춘부들이 쓰는 저급한 상소리가 되는 것이다.

9호선 막말녀가 미국물을 꽤 오래 먹은 여자일 것 같다는 추측이 세간에 돌고 있다. Fucking Asshole이란 쌍욕이 아무렇게나 바로 튀어나올 수 없다는 이유에서다.

"요거 애매합니다. 과연 임신한 게 맞을까요? 그냥 살이 디룩 찐 건 아닐까요? 'fucking asshole'이라 씨불였다던데… FTA한다고 넘어온 아메리칸 저팔계인 듯."

한 네티즌이 그녀의 정체를 추측해서 올린 글이 대박이다. 과연 상판데기가 양놈 궁둥이를 꼭 닮은 그녀의 정체는 무엇일까? 아메리칸 저팔계라는 의견에 우선 한 표를 던지겠다.

청주의 별미, 삼겹살만이 아니었네

인간의 기본 욕구 중 가장 참기 힘든 욕구가 식욕이다. 해서 수염이 석 자라도 먹어야 양반이며 금강산도 식후경이란 불후의 금언에 토를 다는 사람을 보지 못했다. 호구지책이 삶의 기본임은 동서가 다르지 않았나 보다.

그렇다 보니 그리스 신화의 에리직톤(Erysichton)은 가장 참혹한 형벌에 처한 인물의 상징이 되었다. 이 남자는 천성이 오만, 불경한 패륜아였다. 곡물의 여신 데메테르의 신성을 모독한 죄로 에릭직톤은 아무리 먹어도 허기에 시달리는 저주를 받게 된다.

눈에 보이는 모든 음식을 먹어치웠지만 도저히 배고픔을 면할 수 없었던 그는 자신의 전 재산을 음식을 구하는 데 쏟아부었다. 돈이 떨어지자 다급해진 에리직톤은 급기야 자신의 딸 메스트라까지 팔아 음식과 바꾸었다. 변신의 능력이 있는 딸이 도망쳐 돌아오면 다시 딸을 팔아 허기를 채웠던 그의 저주는 스스로 자신의 몸을 남김없이 뜯어먹을 때까지 계속되었다.

옛사람들의 굶주림에 대한 불안과 공포가 생생히 전해지는 신화다. 그러나 이제 우리에게 굶주림은 유니세프 광고로나 엿보게 되는 남의 나라 이야기가 되어 버렸다. 특별한 미식가나 식도락가가 아니더라도 허기를 면하기 위한 것이 아니라 좀 더 맛있는 것을 탐색하기 위해 눈과 발이 바쁜 사람들을 어렵지 않게 만날 수 있다.

이웃 중에 맛있고 독특한 음식점이 있는 곳이면 삼팔선이라도 넘을 기세인 맛 탐구가가 몇 명 있다. 그녀들이 원하는 것은 기이한 재료의 특별 보양식이 아니다. 맛있는 국수 한 그릇을 먹기 위해 하루를 달려가는 열정을 보면서 지역의 독특한 먹거리가 무엇보다 중요한 자원이며 문화임을 깨닫게 된다.

지역을 대표하는 음식들은 꽤나 다양하다. 여기저기서 얻어 들은 정보를 주섬주섬 꺼내보니 안내서 한 권을 내도 될 만큼의 별미들이 풍성하다.

수원 왕갈비, 담양 떡갈비와 대나무 통밥, 나주 곰탕, 전주 비빔밥, 춘천 닭갈비, 포천 이동갈비, 의정부 부대찌개, 안동 찜닭과 헛제삿밥 남원 추어탕, 속초 아바이순대, 신당동 떡볶이, 마산 아귀찜, 부산 동래파전, 언양 불고기, 포항 과메기와 물회, 강릉 초당두부, 대구 막창과 납작만두, 통영 충무김밥 등이 지명에 붙은 별미 음식들이다.

　그런데 안타깝게도 우리 고장의 향토 별미가 쉽게 떠오르지 않는다. 충북엔 무엇이 있나 한참을 생각하다 옥천의 생선국수와 도리뱅뱅이, 괴산 괴강 매운탕과 올갱이국 정도를 간신히 찾아냈다. 그러나 기억을 쥐어짜 올린 충북의 별미는 누구나 쉽게 달려들 대중적인 음식이 아니다. 게다가 올갱이국에 들어가는 다슬기의 대부분이 중국산 냉동 다슬기란 정 떨어지는 보도 이후 식욕이 예전 같지 않다.

　청주 사람들에게 지역 대표 음식이 무어냐 물으면 삼겹살이라는 대답들을 한다. 1970년대 정육점이 딸린 허름한 식당에서 연탄불에 구워먹던 삼겹살은 최고의 별미였다. 생고기에 소금을 뿌려 구워먹는 소금구이로 시작된 삼겹살 조리법은 연탄 대신 가스가 일반화 되면서 변화가 생겼다.

　불에 단 철판 위에 간장양념을 적신 고기를 올려 익힌, 간간하게 양념 맛이 밴 고기를 즐기게 됐는데, 전국 어디에서도 맛볼 수 없는 특이한 맛 때문에 전국적으로 명성을 얻게 됐다. 그 다음 인기몰이를 한 것이 고추장양념에 버무려 파무침과 곁들여 먹던 돼지고기구이다. 칼칼한 고기 맛도 중독성이 있었지만 고기를 구워 먹고 난 다음 남은 양념과 김치 등을 넣고 볶은 볶음밥의 맛이 특별했다.

청주를 찾은 외지인들이 유난히 많은 삼겹살집 간판들을 보고 청주를 '삼겹살의 고장'으로 부르기 시작했다. 지역 관광 책자나 홍보사이트에도 청주의 대표음식은 삼겹살로 소개되었다. 그래서 청주 사람들은 '삼겹살만 먹고 사는 것처럼 오해를 받는 일이 종종 발생했지만 청주에서 발견된 조리서 등 음식문화 관련 문헌을 찾아볼 수 없었기에 반박을 할 수가 없었다.

그런데 국립민속박물관이 2007년 수집한 『반찬등속』이라는 필사본 한글 조리서를 연구한 논문이 발표되면서 청주의 전통음식이 베일을 벗게 됐다. 저자 미상의 '반찬등속'은 전체 32장으로

1913년 지금의 강서2동인 청주 상신마을의 한 집안에서 작성된 것인데, 아기자기한 토속 반찬조리법이 담겨 있다.

옛날 청주 사람들이 집안에서 무엇을 어떻게 만들어서 먹었는지를 상세히 알 수 있게 되었으니 잃어버린 혈육을 만나 제 뿌리를 찾게 된 것처럼 신바람이 난다.

조리서에 등장하는 음식은 김치, 짠지, 반찬, 과자, 떡, 음료 등으로 구분된다. 종류는 고춧잎짠지, 마늘짠지, 파짠지, 박짠지, 콩짠지, 북어짠지, 전복짠지, 북어무침, 북어대강이, 가물치회, 오리고기, 육회, 전골지짐, 산자, 과줄, 중박기, 주악, 박고지, 증편, 백편, 꿀떡, 화병, 수정과, 과주, 연잎술, 약밥, 만두 등 모두 46가지다.

내륙인 청주에서 어물을 많이 썼다는 점이 특이한데, 강경 등을 통해 어물을 들여온 것으로 추측하고 있다. 무를 사용한 요리가 많고 저장 음식이 다양한 청주음식은 요즘 사람들이 선호할 만한 저열량의 웰빙음식이다.

『반찬등속』 안에서 46가지나 되는 향토음식 쏟아져 나왔으니, 기름 줄줄 흐르는 삼겹살은 이제 명함도 못 내밀게 생겼다.

나의 문학, 나의 일

언제부턴가 슬그머니 사라졌지만, 신상을 적는 란에 반드시 취미와 특기를 묻는 항목이 있었던 적이 있다. 독서와 글쓰기라고 빈 란을 채우는 데 망설임이 없었던 것 같다. 취미가 독서라고 했던 것은 무난한 대답이었으나 감히 특기를 글쓰기라고 했던 숙맥 같은 용기를 떠올리면 언제나 얼굴이 화끈하다.

글을 쓴다는 것, 단순한 일기와 같은 혼자만의 기록이 아닌, 남에게 읽혀질 것을 염두에 두고 무언가를 풀어내는 작업은 사실 두렵고 겁나는 일이다.

더욱이 자신의 모든 것이 낱낱이 드러나기 마련인 수필작업에 있어서야 더 말할 나위가 있겠는가. 글을 시작할 때마다 부끄럽고 염치없는 생각에 그렇지 않아도 못난 자신이 더욱 조그맣게 쭈그러들어 선선히 펜이 앞으로 나아가질 못했다. 게다가 독서의 양이 늘고 남의 작품을 대하는 안목이 생기게 되니, 게으른 작업의 핑곗거리에 함부로 글은 쓰는 것이 아니라는 이유까지가 보태졌다.

차라리 아무것도 모르던 학창시절, 노트에 거침없이 되지 않는 소리를 채우고 제가 쓴 잡문에 기꺼워하며 글쓰기를 특기라 깝죽였던 치기가 그리울 때도 있다.

세상에서 가장 부러움을 받는 복 중의 하나가 제가 좋아하는 일을 하며 살아가는 것이라 들었다. 그런 잣대를 들이댄다면 나는 감사하게도 좋은 운을 타고난 사람이다. 글눈이 트이면서 글을 읽고 쓰는 것이 즐거웠다. 군고구마를 담아 온 신문지 봉투도 조심스레 펼쳐 얼룩이 번진 기사를 소중하게 읽곤 했던 어린이를 어른들은 신기하게 바라보셨다.

문학과의 연분이 무탈하게 지속되어 영광스럽게도 등단의 말석에 이름을 올리게 됐다. 작품을 쓰기 위해 특별한 장소를 마련할 만큼 예민한 작가들도 있지만 성품이 귀족스럽지 못하기 때문인지 바로 옆자리에서 굿판이 벌어졌다 해도 어느 것에든 집중하면 내 일엔 전혀 지장을 받지 않는 단순한 성격 탓에 글을 쓸 때도 특별한 장소나 분위기가 필요치 않았다. 그 덕에 다작을 할 수 있었고, 여기저기 글을 올리게 되면서 글을 쓰는 일이 자연스레 직업이 되어 버렸다.

생활을 위해 억지로 하기 싫은 직업을 참고 유지할 수도 있는

데, 쉽진 않지만 제가 좋아서 하는 작업이 곧 직업이 되었으니 일을 하면서도 늘 고마운 마음이다.

요리라 부르기엔 가당찮은 솜씨이긴 하나 보수를 받고 직업으로 칼럼 등을 쓰는 과정은 요리와 닮은 점이 많다. 사실 습관처럼 때에 맞춰 밥을 짓지만 입에 맞는 밥을 짓는 일은 만만치 않다.

알맞은 재료를 구하여 정성껏 다듬고 씻은 후 요령껏 칼질을 하여 불 위에 얹는 과정도 진을 빼지만, 간을 맞춰 식탁에 올릴 때는 언제나 마음을 졸이게 된다. 저 혼자 먹고 치울 음식이라면 그나마 걱정이 덜하겠는데, 여러 사람 앞에 꽤 먹을 만한 음식을 내놓으려는 욕심에 때마다 살얼음판이다.

서툴고 손맛 없는 사람이 차려준 음식을 묵묵히 드셨을 독자들에겐 항상 죄송하고 고마운 마음이다. 가끔은 먹을 만하다며 칭찬을 해 주는 속 넓은 분들이 있어 용기를 잃지 않고 계속 작업을 이어올 수 있었다.

작가에게 가장 큰 욕은 '사람 참 좋다.'라는 말이라고 들었다. 사람은 못됐어도 작품이 좋다는 평을 들어야 진정한 작가라는 충고를 가끔 되새긴다. 문학은 무겁고 힘든 짐이다. 그러나 스스로 원해서 지고 내려놓지 못하는 희한한 짐이다. 그러나 짐을 지고 가는 길이 힘들고 두려워 투덜대면서도 늘 짐을 질 수밖에 딴 도리가 없는 것 같다. 어쩌면 고통을 즐기고 있는지도 모르겠다.

류샤오보와 류샤의 사랑

🌸 당나라의 시인 백거이白居易는 당현종과 양귀비의 뜨거운 사랑을 「장한가長恨歌」로 아쉬워했다.

7월 7일 장생전에서七月七日長生殿/ 깊은 밤, 아무도 모르게 약

속했네.夜半無人和語時/ 하늘에서는 비익조가 되기를 바라고在天願作比翼鳥/ 땅에서는 연리지가 되기를 원하노라在地願爲連理枝/ 높은 하늘 넓은 땅 다할지라도天長地久有時盡/ 이 한은 영원하리니次恨綿綿無絕期.

「장한가」에 등장하는 '비익조比翼鳥'는 한쪽 눈과 한쪽 날개만 가지고 태어난다는 전설의 새다. 몸체가 반쪽이기에 비익조는 볼 수도 날 수도 없다. 그런데 세상에는 자신의 반대쪽 눈과 날개를 가진 또 다른 비익조가 있다고 한다. 태어난 대로 살다 죽는다면 불행하기 짝이 없는 불구의 일생이지만, 자신의 반대쪽 눈과 날개를 가진 또 다른 비익조를 만나는 순간 둘이 하나로 합쳐져 자유로이 세상을 날 수 있게 되는 것이다.

백거이가 노래한 「장한가」에 비익조가 등장하면서 비익조는 널리 알려졌다. 온전한 구실을 못하는 두 몸이 합쳐질 때 비로소 완전체가 되기 때문에 남녀 간의 사랑을 이야기할 때 상징적으로 비익조를 가져다 쓴다.

비익조와 같은 사랑의 상징으로, 뿌리가 각각인 나뭇가지가 서로 엉켜 한 나무처럼 자라는 나무가 '연리지連理枝'다. 이성간의 애절한 사랑을 연리지에 비유하지만, 연리지는 본래 한 몸과 같은 지극한 효성을 나타내는 말이었다. 선비들의 우정과 의리를 연리지에 빗대기도 했다.

예로부터 연리지에 정성을 바치면 부부 사이가 좋아진다는 속설이 있었다. 연리지에 올라가 기도를 하면 기도하는 사람이 짝사랑하는 사람에게 마음이 전해져 상대방이 그날 밤 잠을 이루지 못하게 된다고도 믿었다. 사랑하는 사람에게 자신의 상사병이 옮겨가리란 천진한 믿음으로 사랑에 빠진 사람들은 연리지를 찾아 기원했으리라.

연리지의 전설을 만든 나무가 '상사수相思樹'다. 춘추시대 송宋나라 강왕康王은 절세미인인 한빙韓憑의 부인 하씨何氏를 억지로 빼앗아 취했다. 처를 빼앗긴 한빙이 억울해하며 왕에게 항의하자 강왕은 한빙에게 성단城旦의 벌을 내렸다.

　변방에서 낮에는 도적을 지키고 밤에는 성을 쌓는 혹독한 노역형이었다. 한빙은 굴욕을 이기지 못하고 자살했다. 남편의 죽음을 알게 된 하씨 역시 한빙과 합장해 달라는 유언을 남기고 자살한다. 자신과 함께 누대에 올랐을 때 몸을 던져 자결한 하씨를 보고 분노한 강왕은 합장해달라는 하씨의 유언을 무시하고 두 사람을 떨어져 바라보게 묻었다.

　두 사람을 매장한 날 밤, 두 그루의 개오동나무가 각각의 무덤 끝에서 돋아났다. 나무는 열흘이 채 못 되어 아름드리나무로 자라더니 점점 몸체가 구부려져 서로에게 다가갔다. 땅속의 뿌리도 서로 엉켰다. 한 나무처럼 얽힌 개오동나무 위에 한 쌍의 원앙새가 날아와 앉아 떠나지 않고 목을 비비며 슬피 울었다. 송나라 사람들은 눈물을 흘리며 나무에 상사수라는 이름을 붙여주었다. 설화에 등장하는 상사수가 연리지다.

　'비익조比翼鳥'와 '연리지連理枝'를 합하여 '비익연리比翼連理'라는 말로도 쓴다. 애절하고 아름다운 사랑의 상징이다.

중국 인권운동가이자 노벨평화상 수상자인 류샤오보가 간암으로 세상을 떠났다. 숨을 거두기 전 류사오보가 아내에게 남긴 마지막 한 마디가 "잘사시오."였다고 한다. 눈을 감으면서도 아내의 안녕만을 빈 류샤오보의 마음에 가슴이 먹먹하다.

중국 정부의 탄압과 감시 속에서도 외국으로의 도피를 거부해 왔던 류샤오보는 간암 말기 선고를 받은 뒤 외국으로의 이송 치료를 강력히 희망했었다. 자신의 치료를 위해서가 아니라 아내 류샤가 해외에 나가 자유롭게 살 수 있기를 바라서였다.

고난과 역경 속에서 이성간의 사랑을 넘어선 동지적 사랑을 완성한 이들을 통해 '비익연리比翼連理'의 실체를 본다. 죽음도 갈라놓지 못할 굳건한 사랑이다.

조선의 검

친정어머니가 딸을 시집보낼 때 챙겨주지 않던 혼수가 있었다. 칼과 도마다. 칼과 도마를 시어머니가 시집온 며느리에 내렸던 것은 칼로 끊듯 친정과의 인연을 끊고 칼질을 견디는 도마처럼 시집살이를 견디라는 의미였다.

시대가 변하면서 이런 풍습은 빛을 잃었다. 그러나 칼을 선물할 때 동전 한 닢쯤의 돈을 주고받기도 한다. 선물이 아닌 매매의 형식을 취해 칼이 지닌 단절과 절단의 꺼림칙한 이미지를 떨쳐버리고픈 행동이다.

칼은 도刀와 검劍으로 나뉜다. 외날의 칼이 도, 양날의 칼은 검이다. 한쪽에만 날이 있는 도는 베기 위한 칼이다. 잘 베기 위해 도는 보통 곡선의 형태를 지닌다. 자루 부분이 길며 잘 베어지고 그 베어진 부위가 넓게 나타난다. 검에 비해 도는 좀 더 생활과 밀접하다. 식재료를 자르고 깎는 칼이 식도, 과도다. 의사가 수술을 위해 칼을 잡는 것도 집도라 한다.

양쪽에 날이 있는 검은 찌르기 위한 칼이다. 칼날보다 자루 부분이 짧은 검은 서양에서 발달했다. 포크도 일종의 검이라고 본다.

칼은 일상생활용부터 전투용, 의례용, 무속용 등 안 쓰이는 곳이 없었다. 그래서 어떤 보화보다 귀하게 여긴 물건이 칼이었다. 치장에도 공을 들였는데, 칼날에 꽃이나 북두칠성, 용의 형상 등과 함께 글귀를 새겨 넣고 칼자루엔 옥과 같은 보화나 수술을 매달았다.

조선시대에는 양날의 검보다 단단하고 사용이 편한 외날의 도를 전장에서 주로 썼다. 환도還刀, 쌍수도雙手刀, 협도挾刀, 언월도偃月刀 등 다양한 형태의 칼이 있었는데 특히 환도를 많이 사용했다. 조선 후기에는 모든 칼을 환도라 칭했다 하니 얼마만큼 환도를 많이 사용했는가를 짐작하게 된다.

칼집에 돌아가는 고리가 달려 있어 환도라는 이름이 붙여졌다고 한다. 환도장이 만들어 납품한 환도를 병사들은 제멋대로 짧게 변조했다. 환도의 고리를 허리춤에 간편히 달고 다니기 위해서였다.

환도의 길이는 점점 짧아졌는데 나중엔 적을 살상하는 무기가 아니라 간신히 호신용으로 쓸 정도의 칼이 되고 말았다. 짧아진 환도를 지녔던 조선의 병사들은 임진왜란 때 낭패를 당한다. 팔

길이가 넘는 일본도를 단출한 환도로 막아낼 수 없었던 것이다.

얼마 전, 미술 감정 텔레비전 프로그램인 '진품명품'에 1398년(무인년) 제작된 조선의 칼 '사인참사검'이 등장해서 화제가 됐었다.

사인검은 왕실과 국가의 안녕을 위해 주술적 목적으로 궁에서 보관하거나 공신들에게 하사한 칼이다. 사악한 기운을 끊고 재앙을 막는 주술적 목적의 칼은 호랑이를 뜻하는 '인(寅)'자가 겹치는 날을 택해 제작했는데, 호랑이의 힘을 빌려 사악한 귀신으로부터 왕실과 궁중의 안전을 도모하기 위함이었다.

인년寅年의 인월寅月, 인일寅日, 인시寅時에 일정한 자격을 갖추고 특정한 의식을 거친 도공이 평생에 한 번 벽사의 기운을 담아낸 이 특별한 칼은 한 면에 '사인참사검四寅斬邪劍'이라는 명문을 은입사기법으로 새기고 다른 한쪽에는 동서남북 사방을 의미하는 28수 별자리를 금 입사했다. 손잡이 부분은 상어 가죽이다.

칼날에 새긴 24자의 한자 주문이 검에 신령한 기운을 넣은 비결인 '검결'이다. "이 세상천지 간에 정령이 충만하네. 해와 달의 형상이며 산과 물의 모습이네. 천둥벼락 몰아치며 샛별도 움직이네. 산 같은 악 밀쳐내고 베어내어 바루리라."

푸틴 대통령이 우리 대통령에게 1800년대에 만들어진 조선시대 검 한 자루를 선물했다. 호전적인 러시아인들은 칼 선물을 최고로 친다고 들었다.

어떤 종류의 검인지 정보가 아직 없지만 러시아의 대통령이 선물한 칼이 러시아의 검이 아닌 조선의 검이란 점이 의미심장하다. 우리의 칼은 남을 살상하는 칼이 아니었다. 사인검의 검결처럼 "산 같은 악 밀쳐내고 베어내어 곧게 세우는" 칼이었다. 돌아온 조선의 칼에 사인검의 바른 검결을 소망한다.

벼슬자리에 천거한 닭

설이 지나고 입춘을 맞았다. 벌써 2월, 그러나 날씨가 따뜻해지기 시작하는 입춘일을 새해의 첫 날로 생각한 명리의 기준으로 본다면 이제부터 새해라고 위안을 삼아본다. 정유년丁酉年 붉은 닭의 해다.

말귀 어두운 사람을 닭대가리라 놀린다. 이처럼 닭은 어리석고 머리가 나쁜 동물로 비하됐다. 그러나 닭은 똑똑한 새다. 놀랍게도 닭이 7세 어린이 수준의 추론과 유추 능력을 가지고 있다는 연구 결과도 있다.

부화한 병아리의 양이 적당한지를 분별할 수 있을 정도의 숫자 인식 능력이 있으며 간단한 연산도 가능하다. 서열을 정하는 등 '자기 인지' 능력과 두려움, 기대, 분노 등 복잡한 감정을 느낀다.

의사소통 방식도 다양해서 시각적 변화를 통해 의사표시를 하며 구애부터 위험 신호까지 최소 24가지의 다양한 울음소리를 낸다. 다른 닭의 모습과 인간의 얼굴을 100가지 이상 기억하고 구분할 수 있다.

닭은 능청스럽게도 속이는 능력이 뛰어나다. 수컷 닭은 먹이를 찾았을 때 소리를 내 암컷을 불러들이는데, 이따금은 먹이가 없을 때도 암컷을 유혹하려 비슷한 소리를 낸다. 닭을 해치는

포식자를 발견한 수탉은 경고음을 내는데 주변에 수탉만 있을 경우엔 경고음을 절대 내지 않는다. 다른 수탉이 잡아먹혀 라이벌이 제거되면 더 많은 암컷을 차지하게 돼 저에게 이득이 오기 때문이다.

이쯤 되면 닭대가리라는 표현은 욕이 아니라 칭찬이지 싶다.

옛사람들에게 닭은 명예와 출세의 상징이었다. 닭의 벼슬을 관冠이라 여겨 관직에 오름을 벼슬을 얻었다고 표현했다. 그래서 입신과 공명을 기원하는 조선시대의 선비들은 서재에 닭 그림을 걸었다.

닭 그림은 무엇과 함께 그렸느냐에 따라 의미가 달라진다. 관을 닮은 벼슬이 있는 닭과 관의 모양을 한 꽃인 맨드라미를 함께 그려 입신양명을 기원했고 풍요한 모란을 닭 그림에 넣어 부귀를 소망했다. 사군자인 국화는 장수를, 석류는 다산을 소원하는 것이었다. 화목하고 다복한 가정을 기원하려는 마음에선 어미 닭과 병아리를 같이 그린 그림을 걸었다.

노魯나라 애공哀公 때의 충신 전요田饒가 사람 대신 닭을 관직에 추천한 일화는 큰 교훈으로 회자된다.

　간신들에게 놀아나 국사를 돌보지 않는 군주 애공에게 실망한 전요는 사직을 고하며 자신의 후임으로 닭을 천거했다. 전요의 상식에 어긋난 기행에 크게 노한 애공이 '어찌 벼슬자리에 사람 대신 닭을 천거하느냐.'며 역정을 내자 전요는 군주에게 자신이 닭을 천거하는 이유를 조목조목 들어 아뢰었다.

　"닭은 다섯 가지 덕을 갖추고 있습니다. 머리에 관을 썼으니 문文이요, 다리에 발톱이 있으니 무武이며, 적 앞에서는 물러나지 않고 싸우니 용勇이고, 모이를 나눠 먹으니 인仁이며, 밤을 지켜 때를 어기지 않고 알리니 신信입니다. 그래서 오덕五德을 두루 갖춘 닭을 천거하는 것입니다."

　닭이 가진 다섯 가지 덕목인 계유오덕鷄有五德이다. 닭보다도 못한 간신배들에게 놀아난 군주에게 차라리 닭을 곁에 두라고 들이댄 전유의 용기가 짜릿하다.

오상五常 역시 닭의 다섯 가지 덕에 대한 칭송이다. 서로 불러 골고루 모이를 나누어서 먹는 인仁, 싸움에 임했을 때 물러서지 않는 기상인 의義, 머리 위에 단정한 관을 바르게 쓴 예禮, 항상 주위를 둘러보고 지키는 지智, 아침마다 어김없이 새벽을 알리는 신信을 합하여 오상五常이라 했다.

문과 무의 조건을 갖췄다는 자타칭 인재는 넘쳐나지만 용기와 신의가 있으며 따뜻한 가슴을 갖춘 벼슬아치는 자취조차 희미한 작금, 닭을 천거했던 전요의 심정이 동병상련이다.

마음을 덥히는 말 한마디

　새롭게 열린 해, 소원을 성취하도록 복을 빌어주는 말이 덕담德談이다. 건강과 합격, 승진, 득남 등 부귀다복을 비는 희망과 축복의 격려는 새해를 시작하는데 더없이 든든한 힘이 되어왔다.

덕담의 풍습은 말대로 이루어지리라는 원시종교적인 소박한 소망을 담고 있다. 길흉의 예조豫兆에 따라 만사만물이 그대로 지배된다는 믿음에서 시작된 덕담은 신년 초에 하는 신세新歲덕담과 무당들이 노래로 축원하는 무당덕담으로 전해져 왔다.

새해를 맞이하면 만나는 사람들과 인사를 교환하는데 "올해에는 생남生男하신다지요." "올해에는 승진하신다지요." "올해에는 돈을 많이 버신다지요." "올해에는 자부子婦를 맞게 되신다지요." 등과 같이 소원성취에 관한 간절한 뜻을 이미 이루어진 듯, 과거형의 표현을 통해 표했다.

멀리 있어 만나기 어려운 친지에게는 서한이나 사람을 보내 덕담을 교환하기도 했는데, 이러한 풍습은 세상사가 번잡해지면서 연하장으로 바뀌더니, 손 전화 문자 메시지를 통해 아직 잊지 않고 있음을 확인하는 정도로 슬그머니 가벼워졌다.

지금은 친구나 동료들끼리 격의 없이 주고받는 말을 모두 덕담이라 부르고 있지만 세시풍속의 하나인 덕담은 본래 어른이 아랫사람에게 내리던 것이다. 덕담은 덕을 주는 것임으로 아랫사람이 어른께 덕을 줄 수는 없다는 생각에서 이러한 원칙이 정해진 것 같다.

그래서 세배를 드리며 어른께 새해 복 많이 받으시라거나 건강하시라는 등의 말을 먼저 함부로 꺼내는 것은 예의에 어긋나는 혼쭐날 만한 경거망동이었다. 올바른 예절대로라면 어른께 세배를 올릴 때 아랫사람은 공손히 세배를 하고 어른의 덕담을 기다려야하는데 어른이 덕담을 내리면 아랫사람은 "올해도 건강하십시오." 정도의 인사를 드리면 된다.

어른의 덕담 매너도 쉬운 것이 아니다. 아랫사람을 아끼고 걱정하는 노파심에 넘치는 훈계를 한다면 자칫 덕담이 악담으로 변할 수도 있다. "언제 시집을 가려고 하는 거냐." "아직도 놀고 있으니 걱정이다." 등의 껄끄러운 참견은 상대의 상처에 소금을 뿌리는 결과가 되니 조심해야 한다.

동년배 사이의 덕담은 격식에 대한 부담이 없다. 새해 기분

좋은 덕담들을 든다면 "바라는 일, 모두 이루세요.", "새해에는 돈 많이 버세요.", "더욱 예쁘고 멋지고 건강해지자.", "좋은 사람 만나세요." 등이라니 참고로 기억하여 쓸 만한 정보다.

몇 년 전 모 장관이 새해 덕담으로 "불확실한 미래가 우리 앞에 있지만 우리의 미래는 밝다고 믿어 의심치 않고 있다"며 '도리불언 하자성혜桃李不言 下自成蹊'란 사기史記의 문구를 인용, 관심을 받은 일이 있었다.

장관이 인용한 문구는 중국 한나라 시대의 명장 이광 장군의 고사에서 나온 말이다. 원말인 '도리불언 하자성혜'를 줄여 '성혜'라고도 하는데 샛길이 생긴다는 뜻으로 덕德이 높은 사람은 스스로 떠벌이며 선전을 하지 않아도 자연히 사람들이 흠모하여 모여듦을 비유하고 있다. 숱한 무공을 세운 이광을 사마천은 그의 저서 「사기史記」이장군 열전李將軍列傳에서 이렇게 칭송했다.

"장군은 언변은 좋지 않았으나 그 덕과 성실함은 천하에 알려졌다. 복숭아와 오얏꽃은 아무 말 하지 않아도桃李不言 그 아름다움에 끌려 사람들이 모여드니 나무 밑에는 자연히 샛길이 생기게 되는 것이다下自成蹊."

상대의 마음을 따뜻하게 덥히는 향기로운 말들이 있다.

'고마워, 사랑해, 잘했어. 잘될 거야, 네 덕이야.'

상대를 위하는 덕담을 하는 데 특별하고 화려한 화술이 필요할까. 어눌한 언변 속에 담긴 진심을 듣지 못하는 사람을 아직 만난 적이 없다. 뱉을 말보다는 가려야 할 말이 많다지만 세상을 밝게 하는 덕담이라면 거침없이 퍼 줘야겠다. 남에게 베푼 덕담이 곧 샛길을 통해 나에게 복으로 돌아올 것이니.

류경희 수필집
빛나는 유리반지 하나

초판 인쇄 2017년 11월 20일
초판 발행 2017년 11월 30일

지은이 류경희
발행인 서정환
펴낸곳 수필과비평사
주소 서울시 종로구 삼일대로 32길 36(익선동 30-6 운현신화타워 빌딩) 305호
전화 (02) 3675-3885, (063) 275-4000·0484
팩스 (063) 274-3131
이메일 sina321@hanmail.net essay321@hanmail.net
출판등록 제300-2013-133호
인쇄·제본 신아출판사

저작권자 ⓒ 2017, 류경희
이 책의 저작권은 저자에게 있습니다. 서면에 의한 저자의 허락없이 내용의 일부를 인용하거나 발췌하는 것을 금합니다.
COPYRIGHT ⓒ 2017, by Ryu kyeonghui
All rights reserved including the rights of reproduction in whole or in part in any form.
저자와 협의, 인지는 생략합니다.
잘못된 책은 바꿔 드립니다.

ISBN 979-11-5933-132-9 03810

값 15,000원

> 이 도서의 국립중앙도서관 출판예정도서목록(CIP)은 서지정보유통지원시스템 홈페이지(http://seoji.nl.go.kr)와 국가자료공동목록시스템(http://www.nl.go.kr/kolisnet)에서 이용하실 수 있습니다.(CIP제어번호:CIP2017031050)

Printed in KOREA
* 이 책은 2017년 충북문화재단의 문예진흥기금을 지원받아 발간했습니다.